高等职业院校通识教育“十二五”规划教材

数学管理方法学习指导与案例

何品荣 梁远信 ◎ 主编

人 民 邮 电 出 版 社

北 京

图书在版编目（CIP）数据

数学管理方法学习指导与案例 / 何品荣，梁远信主编. -- 北京 : 人民邮电出版社，2013.9（2018.8重印）
高等职业院校通识教育"十二五"规划教材
ISBN 978-7-115-32577-8

Ⅰ. ①数… Ⅱ. ①何… ②梁… Ⅲ. ①经济数学－高等职业教育－教学参考资料 Ⅳ. ①F224.0

中国版本图书馆CIP数据核字(2013)第193208号

内 容 提 要

本书是广西高等学校重点建设教材《数学管理方法》的配套辅助教材，各章的结构统一，均由主要内容、目标要求、重点、难点、案例选讲、检测题、检测题参考答案 7 个部分组成。这七部分内容保持了知识体系的相对完整，有利于读者对知识的系统掌握。附录提供 3 套综合测试题及参考答案，可供读者检验学习效果。

本书可作为高职高专院校、成人高等院校、培养应用型人才的普通本科院校有关专业的教材，也可供经济、管理等相关工作者参考。

◆ 主　　编　何品荣　梁远信
责任编辑　王亚娜
执行编辑　肖　稳
责任印制　张佳莹　焦志炜

◆ 人民邮电出版社出版发行　　北京市丰台区成寿寺路 11 号
邮编　100164　　电子邮件　315@ptpress.com.cn
网址　http://www.ptpress.com.cn
中国铁道出版社印刷厂印刷

◆ 开本：787×1092　1/16
印张：9　　2013 年 9 月第 1 版
字数：182 千字　　2018 年 8 月北京第 6 次印刷

定价：20.00 元

读者服务热线：(010)81055256　印装质量热线：(010)81055316
反盗版热线：(010)81055315

数学管理方法学习指导与案例编委会

主　编：何品荣　梁远信

副主编：马耀勇　李婷婷　贺金兰

编　委：（按姓氏笔画为序）

马耀勇　韦国燕　李婷婷　陆伟平　何品荣

张钦锋　梁远信　梁宗平　贺金兰　谭促伦

前言

本书是广西高等学校重点建设教材《数学管理方法》的配套辅助教材，是教师教学和学生学习数学管理方法的辅助工具。本书的编写具有以下特点。

1. 本书按章设置，与主教材《数学管理方法》保持一致，便于使用。

2. 每章开始给出了本章的主要内容、目标要求、重点和难点，可使读者明确学习方向。

3. 各章的结构统一，均由本章主要内容、目标要求、重点、难点、案例选讲、检测题、检测题参考答案 7 个部分组成。这 7 个部分内容保持了知识体系的相对完整，有利于读者对知识的系统掌握。

（1）本章主要内容：对本章的主要知识点，特别是重要的概念和方法进行了归纳和总结，可使读者掌握本章的主要知识脉络。

（2）目标要求：给出了各章应掌握的内容及相应的掌握程度。

（3）重点和难点：给出了各章较为重要的和具有一定难度的内容，便于读者在较短时间内找到合理的学习路径。

（4）案例选讲：所选案例具有典型性与代表性，注重数学管理能力的训练，有助于读者正确理解和掌握管理中常用的数学方法，增强分析问题和解决问题的能力。

（5）检测题：主要包括选择题、填空题和分析解答题。在编写过程中，注意题型多样性、难易搭配，覆盖章节的重点、难点，弥补了主教材中习题量的不足。通过检测题可以加强对基本概念、基本方法的训练，提高应用数学方法进行管理的能力。

（6）检测题参考答案：尽可能给出详细的解答过程，以提高学生的自学能力、自检学习效果。

4. 本书附了 3 套综合测试题及参考答案，可供读者检验学习效果。

由于编者水平有限，不足之处在所难免，敬请读者批评指正。

编者

2013 年 7 月

目录

第一章

数据方法

一、本章主要内容

（一）发展速度、增长速度、平均发展速度和平均增长速度

1．发展速度是某一指标报告期（或本期）数值（或发展水平）与基期数值（或发展水平）之比．发展速度由于采用基期的不同，可分为同比发展速度、环比发展速度和定基比发展速度，均用百分数或倍数表示．

$$\text{同比发展速度}=\frac{\text{本期数值}}{\text{去年同期数值}}\times 100\%$$

$$\text{环比发展速度}=\frac{\text{本期数值}}{\text{前一期数值}}\times 100\%$$

$$\text{定基比发展速度}=\frac{\text{本期数值}}{\text{固定基期数值}}\times 100\%$$

2．增长速度=发展速度-1（或100%）

3．平均发展速度是指时间数列各期发展速度的平均数．平均发展速度不能用算术平均法计算，计算人口、产品产量、总产值、社会消费品零售总额等指标的平均发展速度要用几何平均法（也叫水平法），其计算公式如下．

（1）按环比发展速度连乘的积计算

$$\text{平均发展速度}=\sqrt[n]{\text{环比发展速度连乘的积}}\times 100\%$$

其中 n 表示环比发展速度的项数．

（2）按总发展速度计算

$$\text{平均发展速度}=\sqrt[n]{\text{某指标报告期（最后一年）数值}\div\text{该指标基期（最初一年）数值}}\times 100\%$$

其中 n 为报告期与基期的间隔期数．

（3）平均增长速度

$$\text{平均增长速度}=\text{平均发展速度}-1\text{（或}100\%\text{）}$$

平均增长速度有正负之分，正值表示平均增长的程度，负值表示平均下降的程度．

（二）数据的整理与显示

1．数据的类型

在观察、实验、查阅文献或者社会调查中获得了大量的数据，它们将是对研究对象进行描述、分析、研究的依据，所以被称作数据，也叫观测值．按照所采用的计量尺度不同，可以将统计数据分为分类数据、顺序数据和数值型数据．

分类数据 只能归于某一类别的非数字型数据，称为分类数据．分类数据是对事物进行分类的结果，数据则表现为类别，是用文字来表述的，各类别之间是平等的并列关系，其顺序是可以任意改变的．例如，人口按照性别分为男、女两类；企业按照经济性质分为国有、集体、私营、合资、独资等，这些均属于分类数据．

顺序数据 只能归于某一有序类别的非数字型数据，称为顺序数据．顺序数据也是对事物进行分类的结果，但这些类别是有顺序的．比如将产品分为一等品、二等品、三等品等；考试成绩可以分为优、良、中、及格、不及格等；一个人对某一事物的态度可以分为非常同意、同意、保持中立、不同意、非常不同意等．这些均属于顺序数据．

数值型数据 按数字尺度测量的观察值，称为数值型数据．数值型数据是使用自然或度量衡单位对事物进行计量的结果，其结果表现为具体的数值．比如收入用人民币元度量，考试成绩用百分制度量，温度用摄氏度或华氏度来度量，重量用克度量，长度用米度量等，其结果都表现为具体的数值．因此数值型数据可以进行加、减、乘、除运算．

分类数据和顺序数据说明的是事物的品质特征，通常是用文字来表述的，其结果均表现为类别，因而也可统称为定性数据或品质数据；数值型数据说明的是事物的数量特征，通常是用数值来表现的，因此也可称为定量数据或数量数据．通常，我们所处理的大多为数值型数据．

2．数据的整理与显示

在对数据进行整理时，首先要弄清我们所面对的是什么类型的数据，因为不同类型的数据，所采取的处理方式和所适用的处理方法是不同的．对分类数据和顺序数据主要是做分类整理，对数值型数据则主要是做分组整理．

分类数据和顺序数据本身就是对事物的一种分类，因此，在做分类整理时除了列出所分的类别外，还要计算出每一类别的频数、频率或比例、比率、百分比等．对于顺序数据，根据需要可以计算累积频数或累积频率（百分比），然后给出频数分布，以便对数据及其特征有一个初步的了解．数据的特征通过统计图形可以直观地显示出来，它具有鲜明醒目、富于表现、易于理解的特点．常用的统计图有条形图、饼图、环形图和折线图等．目前主要利用 Excel 绘制频数分布表和统计图，具体操作方法在下面的例题选讲中介绍．

数值型数据表现为数字，在整理时通常是进行分组．分组的方法有单变量值分组和组距分组两种．单变量值分组，把每一个变量值作为一组，这种分组方法通常只适合于离散变量，且在变量值较少的情况下使用．在连续变量或变量值较多的情况下，通常采用组距分组．组距分组，将全部变量值依次划分为若干个区间，并将这一区间的变量值作为一组．组距分组时，如果各组的组距相等，称为等距分组，如果各组的组距不相等，称为不等距

（或异距）分组．采用等距分组还是不等距分组，主要取决于数据的特点和研究的目的．

$$\text{数值型数据分组}\begin{cases}\text{单变量值分组}\\ \text{组距分组}\begin{cases}\text{等距分组}\\ \text{异距分组}\end{cases}\end{cases}$$

下面介绍数值型数据等距分组的整理．

第 1 步：确定组数．一组数据分多少组合适呢?这一般与数据本身的特点及数据的多少有关．由于分组的目的之一是为了观察数据分布的特征，因此组数应适中．如组数太少，数据的分布就会过于集中，组数太多，数据的分布就会过于分散，这都不便于观察数据分布的特征和规律．组数的确定应以能够显示数据的分布特征和规律为目的．在实际分组时，可以根据经验公式来确定组数 K：

$$K = 1 + \frac{\lg n}{\lg 2}$$

其中 n 为数据的个数，对结果四舍五入取整数即为组数．实际应用时，可根据数据的多少和特点及分析的要求，参考这一标准灵活确定组数．

第 2 步：确定组距．一个组的上限与下限的差，称为组距．组距可根据全部数据的最大值和最小值及所分的组数来确定，即组距=(最大值−最小值)÷组数．为便于计算，组距宜取 5 或 10 的倍数．

第 3 步：确定组限．组限应根据变量的性质来确定，要有利于反映出数据的分布特征和规律，具体应考虑以下几个方面．第一，组限最好用整数表示，如果组距是 5，10，…，100，则每组的下限最好是它的倍数；第二，第一组的下限应略小于最小变量值，最后一组的上限应略大于最大变量值；第三，对于连续变量，应采用重叠组限，而对于离散变量，两种方法都可以采用；第四，如果全部数据中的最大值和最小值与其他数据相差悬殊，为避免出现空白组（即没有变量值的组）或个别极端值被漏掉，第一组和最后一组可以采取“××以下”及“××以上”这样的开口组．

第 4 步：计算各组频数，整理成频数分布．由于组距分组时，需要遵循“不重不漏”的原则．“不重”是指一项数据只能分在其中的某一组，不能在其他组中重复出现．“不漏”是指组别能够穷尽，即在所分的全部组别中每项数据都能分在其中的某一组，不能遗漏，因此，为解决“不重”的问题，对于重叠组限的分组，计算频数时按规定“上组限不在内”，要将每一组上限的变量值不算在本组内，而计算在下一组内．显示分组数据频数分布特征的图形有直方图、折线图等．目前主要利用 Excel 绘制频数分布表和统计图，具体操作方法在下面的例题选讲中介绍．

3．频数、频率、频数分布、累积频数和累积频率

频数 落在某一特定类别（或组）中的数据个数，称为频数．

频率 各类别或组的频数与总频数之比，称为频率．

频数分布 把各个类别（或组）及落在其中的相应频数全部列出，并用表格形式表现出来，称为频数分布．

累积频数 将各有序类别或组的频数逐级累加起来得到的频数.

累积频率 将各有序类别或组的频率逐级累加起来得到的频率.

累积方法

$$\left.\begin{matrix}\text{类别顺序的开始}\\ \text{变量值小的一方}\end{matrix}\right\} \underset{\text{向下累积}}{\overset{\text{向上累积}}{\rightleftarrows}} \left\{\begin{matrix}\text{类别顺序的最后}\\ \text{变量值大的一方}\end{matrix}\right.$$

以数值型数据为例，向上累积频数（或频率），各累积数的意义是各组上限以下的数据频数（或频率）分布情况；向下累积频数（或频率），各累积数的意义是各组下限以上的数据频数（或频率）分布情况. 当我们所关心的是变量值较小的数据频数（或频率）的分布情况时，通常采用向上累积，反之，则采用向下累积.

4. 条形图（或柱形图）、饼图、环形图（或圆环图）、直方图和线图（或折线图）

条形图（或柱形图） 用宽度相同的条形的高度或长短来表示数据多少的图形. 条形图可以横置或纵置，纵置时也称为柱形图.

饼图 用圆形及圆内扇形的面积来表示数值大小的图形，它主要用于表示总体中各组成部分所占的比例，对于研究结构性问题十分有用.

环形图（或圆环图） 图中间有一个“空洞”，总体或样本中的每一部分数据用环中的一段表示，每一个总体或样本的数据系列为一个环，因此环形图不但可以表示数据之间的比例，而且可以表示多个数据系列之间的关系.

直方图 用矩形的宽度和高度（即面积）来表示频数分布的图形.

线图（或折线图） 在平面坐标上用折线表现数量变化特征和规律的图形. 线图主要用于显示时间序列数据，以反映事物发展变化的规律和趋势.

（三）数据的分析

1. 数据的代表数

数据的代表数：反映数据集中的情形，又称集中指标. 集中指标主要包括平均数、众数和中位数等.

（1）平均数（或均值）

算法：

简单算术平均数公式 $$\bar{x}=\frac{x_1+x_2+\cdots+x_n}{n}=\frac{\sum x}{n}$$

加权算术平均数公式 $$\bar{x}=\frac{x_1f_1+x_2f_2+\cdots+x_kf_k}{f_1+f_2+\cdots+f_k}=\frac{\sum xf}{\sum f}=\sum x\frac{f}{\sum f}$$

式中 x_n 表示数据，n 表示数据的总数，$\sum x$ 表示数据的总和，x_k 表示数据分组后的变量值，f_k 表示数据分组后变量值 x_k 的频数，f_k 是 x_k 的权数，$\sum f$ 表示变量值的总频数.

优点：包含所有数据的数量信息，最能反映数据集中的趋势，使用最广.

缺点：易受特大或特小的异常数据的影响.

适用的数据类型：只用于数值型数据.

（2）众数

算法：一组数据中出现次数最多的数据.

优点：不受异常数据的影响，反映数据的一般水平、最普遍的倾向.

缺点：只讲频率，不讲数值大小，不能反映所有数据的数量信息.

适用的数据类型：主要用于分类数据，可用于顺序数据和数值型数据.

（3）中位数

算法：一组数据经排序后处于中间位置上的数据.

优点：不受异常数据的影响，最能反映数据的中等水平.

缺点：不能反映所有数据的数量信息.

适用的数据类型：主要用于顺序数据，可用于数值型数据，不能用于分类数据.

注意：在统计数据的时候要具体问题具体分析，根据目的、数据的类型和代表数的特点，选择合适的代表数.

2．数据的波动分析

一组数据的平均数还不能全面地刻画和描述这组数据的数字特征. 波动性是数据的又一客观性质，它可以用一组数据离开集中量数的总趋势来反映，这种趋势就是离中趋势. 一般地，一组数据中各个变量离开集中趋势的偏离程度（数据分散的程度）称为离中趋势. 描述这种趋势的量称为变异指标，也叫差异量数. 只有既掌握了集中指标值，又掌握了变异指标值，才能更全面、更深刻地了解一组数据的数字特征.

变异指标：表示一组数据的离散程度（波动性），反映代表数代表性的优劣. 变异指标值越大，数据的离散程度越大，代表数的代表性越差.

（1）分类数据：异众比率

异众比率——非众数组的频数占总频数的比率，用 V_r 表示.

$$V_r=\frac{\sum f_i-f_m}{\sum f_i}=1-\frac{f_m}{\sum f_i}$$

式中：$\sum f_i$ 表示变量值的总频数，f_m 表示众数组的频数.

异众比率反映了众数对一组数据的代表程度.

（2）顺序数据：四分位差

四分位差——上四分位数与下四分位数之差，也称为内距或四分间距，用 Q 表示.

$$Q=Q_3-Q_1$$

四分位差反映了中间 50%数据的离散程度，在一定程度上也说明了中位数对一组数据的代表程度.

（3）数值型数据

极差、平均差、方差和标准差测度数值型数据离散程度的变异指标主要有极差、平均差、方差和标准差，其中最常用的方法是方差和标准差.

① 极差：也称全距或范围，是全部数据中两端之差.

极差=最大值−最小值

极差表示全部数据的变动范围，可以粗略地表示数据的离散程度，优点是计算容易，意义明了，常用在收入、消费、贫富等问题的研究中，广泛应用于检查产品质量的均匀性和稳定性，在质量管理中. 它与平均数结合使用进行产品质量控制.

② 平均差：各变量值与其算术平均值离差绝对值的平均数，也称平均离差.

$$平均差=\frac{\sum_{i=1}^{N}|X_i-\mu|}{N}$$

平均差以均值为中心，反映了每个数据与均值的平均差异程度和均值的代表性大小.

③ 方差：各变量值与其均值离差平方的平均数. 方差是统计中常用的一种衡量数据离散程度的统计量，是测度数值型数据离散程度的最主要方法. 根据总体数据和根据样本数据计算的方差在统计处理上略有不同.

$$总体方差\quad \sigma^2=\frac{\sum_{i=1}^{N}(X_i-\mu)^2}{N}\qquad 样本方差\quad S^2=\frac{\sum_{i=1}^{N}(X_i-\bar{X})^2}{N-1}$$

④ 标准差：方差的算术平方根称为标准差.

$$总体标准差\quad \sigma=\sqrt{\sigma^2}\qquad 样本标准差\quad S=\sqrt{S^2}$$

标准差的计量单位与变量值相同，其实际意义要比方差清楚，它直接地、平均地描述了一组数据差异的大小，是最重要、最常用，也是比较精确的一种描述数据离散程度的量.

（4） 相对位置：标准分数

标准分数： 变量值与其平均数的离差除以标准差后的值，也称标准化值或 Z 分数.

$$Z_i=\frac{X_i-\mu}{\sigma}\text{或}Z_i=\frac{X_i-\bar{X}}{S}$$

标准分数的作用：测度每个数据在一组数据中的相对位置；判断一组数据是否有离群数据.

经验法则：当一组数据对称分布时，约有 68%的数据在 $(\mu-\sigma,\mu+\sigma)$ 之内，约有 95%的数据在 $(\mu-2\sigma,\mu+2\sigma)$ 之内，约有 99%的数据在 $(\mu-3\sigma,\mu+3\sigma)$ 之内，在 $(\mu-3\sigma,\mu+3\sigma)$ 之外的数据为异常值或离群点.

（5）相对离散程度：离散系数

极差、平均差、方差和标准差等都是反映数据离散程度的绝对值，它们不能直接比较均值不同或计量单位不同的总体或样本数据的离散程度，此时需要计算离散系数.

离散系数：一组数据的标准差与其相应的均值之比，也称为变异系数或标准差系数. 离散系数是测度数据离散程度的相对量，其计算公式为

$$总体\quad v_\sigma=\frac{\sigma}{\mu},\qquad 样本\quad v_s=\frac{S}{\bar{X}}.$$

离散系数的作用：比较均值不同或计量单位不同的总体或样本数据的离散程度；反映代表数代表性的优劣. 离散系数的值越大，数据的离散程度（波动性）越大，代表数的代

表性越差.

二、目标要求

1. 了解数在管理中的妙用、数据处理的重要性和管理中的数学典型问题.

2. 掌握发展速度、增长速度、平均发展速度和平均增长速度的概念及意义并会计算.

3. 掌握分类数据、顺序数据和数值型数据的整理与显示方法，能用 Excel 软件处理数据，制作频数分布表和常用的统计图.

4. 掌握代表数的概念、常见类型及其算法、优点、缺点和适用的数据类型，能正确选择代表数.

5. 掌握变异指标的概念、作用、常见类型及其特点、适用的数据类型和计算公式，能分析一组数据的波动性.

三、重点

1. 分类数据、顺序数据和数值型数据的整理与显示方法，用 Excel 软件处理数据，制作频数分布表和常用的统计图.

2. 代表数的概念、常见类型及其算法、优点、缺点和适用的数据类型.

3. 变异指标的概念、作用、常见类型及其特点、适用的数据类型和计算公式.

四、难点

1. 用几何平均法计算平均发展速度.

2. 用 Excel 软件处理数据，制作频数分布表和常用的统计图.

3. 加权算术平均数、标准差、标准分数、离散系数等概念的理解及应用.

五、案例选讲

案例：该买哪套房子？

某人的住宅面临拆迁. 整个夏天，他和同事谈论的主要话题就是房子. 有一天，他突然对同事说："我受不了了，今天我老婆说如果我早晨起来再问她哪套房子好，她就要和我离婚. 所有见到我的朋友也都在问，你选到房子了吗？" 他同事问他："你选了将近三个月的房子仍然没有合适的，困难在哪里？" 他说："我几乎用全部的业余时间去看房子，我的时间不够，我能买的很多，可是看不过来、定不下来."

那么，怎么才能选一套比较满意的房子呢？

解答

听完此人的诉苦，他同事耐心地整理了他选择房屋的条件如下：

1. 住处离单位少于 20 公里；

2. 最好是 1、4、6 层（此君信风水）；

3. 复式房屋最好，其他的也可以；

4. 以三居最好，二居、四居也可以，其他不要；

5．每年物业费 8000 元以内最好，9000 元内可以，超过 12000 元不要；

6．装修好的最好，毛坯的也可以；

7．小区人口密度越小越好；

8．总价 75 万最好，超过 110 万不要．

为了帮助他挑选合适的房屋，他的同事决定将他的需求进一步细化，然后分别赋予分数，最后根据总的得分情况，选择得分高的住房．

经与他本人讨论，他的同事进一步将各项条件细化赋值如下：

1．层数（1 层，30 分；4 层 20 分；6 层 10 分；其他层，0 分）

2．复式结构（是，20 分；否，0 分）

3．居室数（3 居，15 分；2 居，10 分；4 居，10 分；其他，0 分）

4．物业费（8000 元以内，10 分；9000 元以内，5 分；12000 元以内，0 分；12000 元以上，−10 分）

5．装修程度（装修，10 分；毛坯，−10 分）

6．小区容积率（小于 1.2，15 分；1.2～3.5，10 分；大于 3.5，5 分）

7．总价（75 万，20 分；88 万，15 分；90 万，10 分；95 万，5 分；100 万，−5 分；110 万，−20 分）

在得出此细化条件后，他的同事将所有房源信息（包括他看中的 6 套和其他觉得合适的 12 套）编制序号后按上述条件进行评分，内容如下：

编号	层数	结构	居室	物业费	装修	容积率	总价
1	0	0	10	5	−10	5	20
2	30	0	10	−10	10	5	20
3	20	0	15	5	−10	10	20
4	0	0	15	5	−10	10	15
5	30	0	15	−10	15	15	−20
6	0	0	15	10	10	5	10
7	20	0	10	5	10	10	20
8	30	0	10	5	10	10	5
9	0	0	15	5	10	10	20
10	20	20	10	−10	−10	5	20
11	0	0	10	10	10	5	−20
12	30	0	15	5	10	5	10
13	30	0	15	−10	10	5	20
14	30	0	15	10	5	5	20
15	20	0	−10	10	15	−20	
16	30	0	15	5	−10	15	−5
17	0	0	10	10	10	15	20
18	30	0	15	−10	10	5	−5
19	30	0	15	5	10	5	5
20	10	20	15	5	10	10	20

将上述数据输入 Excel 数据表，然后调用 Excel 的求和函数 SUM 来计算总分. 为此，我们先单击第一行数据右边的单元格，再从【插入】菜单中选择【函数】选项，如图 1-1 所示.

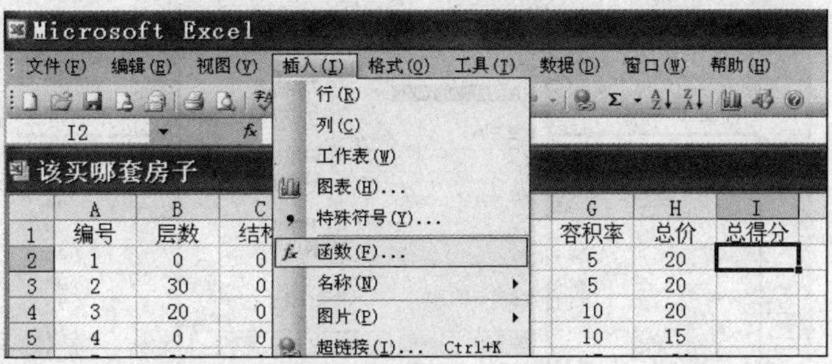

Microsoft Excel

文件(F) 编辑(E) 视图(V) 插入(I) 格式(O) 工具(T) 数据(D) 窗口(W) 帮助(H)

I2

该买哪套房子

行(R)
列(C)
工作表(W)
图表(H)...
特殊符号(Y)...
函数(F)...
名称(N)
图片(P)
超链接(I)... Ctrl+K

	A	B	C	G	H	I
1	编号	层数	结构	容积率	总价	总得分
2	1	0	0	5	20	
3	2	30	0	5	20	
4	3	20	0	10	20	
5	4	0	0	10	15	

图 1-1

从中找到函数 SUM，根据提示，选择相应的选项就可以得到计算结果，如图 1-2 所示.

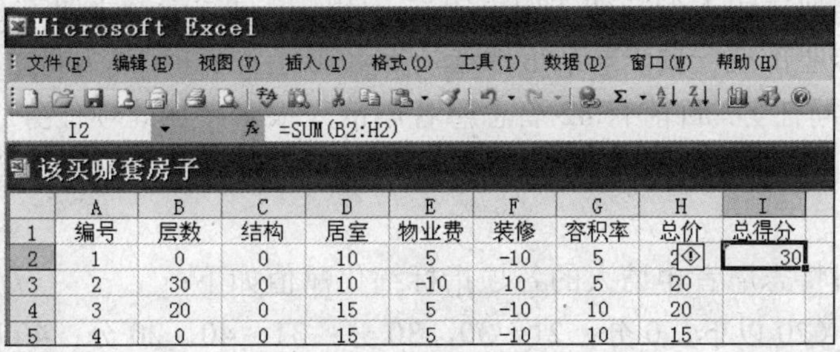

Microsoft Excel

文件(F) 编辑(E) 视图(V) 插入(I) 格式(O) 工具(T) 数据(D) 窗口(W) 帮助(H)

I2 =SUM(B2:H2)

该买哪套房子

	A	B	C	D	E	F	G	H	I
1	编号	层数	结构	居室	物业费	装修	容积率	总价	总得分
2	1	0	0	10	5	-10	5	20	30
3	2	30	0	10	-10	10	5	20	
4	3	20	0	15	5	-10	10	20	
5	4	0	0	15	5	-10	10	15	

图 1-2

（或者直接单击单元 I2，单击自动求和“∑”按钮，将会出现 SUM（A2：H2），把 A2 改为 B2，即可得上述结果.）

将光标移到 I2 单元格的右下角，使光标从白十字变成黑十字，然后双击鼠标左键，即可完成全部房屋评分的计算.

计算结果表明，第 20 套房源得分最高.

尽管第 20 号房源得分最高，但仅仅看分数，还是有可能犯“郑人买履”中“宁信度，不信足”的错误. 为此，他的同事建议他再看看排在前几位的房源，做个比较. 而在 Excel 中，使用数据选项中的排序功能，可以很方便地知道哪些房源的得分靠前.

为此，我们先按住鼠标左键并拖动来选题所有的列，再从【数据】菜单中选择【排序】选项，然后如图 1-3 所示设置“排序”对话框（【主要关键字】选取【总得分】，选取【降序】等），单击【确定】按钮，所有数据就会按总得分从高到低排序.

在看过排名前 5 位的房源，又看过刚刚上市的房子后，原本漫无头绪的选房者最终定下了第 20 号房源.

上述房源的打分和评价办法未必是最科学的，而且赋值肯定要因人而异，但它至少是适用的. 对于本案例来说，无须使用更为复杂的数学分析工具，单单是将纷繁复杂的现实问题进行数量化就足够了.

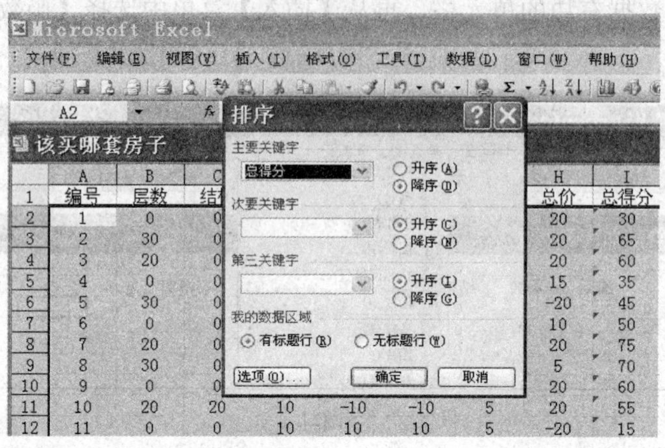

图 1-3

类似案例：如何选拔大型活动（如奥运会、国际博览会等）志愿者？

根据组委会志愿部统一要求，某市拟选拔 5 名志愿者承担 T1 人群（如国内外贵宾、赞助商贵宾等）的陪同任务. 目前有 82 名志愿者申请人报名参加此项任务. 如何根据这 82 名申请人的申请材料筛选出 10 名进行面试？

解答：

选拔协调小组将志愿者申请人的各项指标细化赋值如下：

1．年龄阶段（20 以下，0 分；21～30，30 分；31～40，20 分；40 以上，10）；

2．是否有贵宾陪同经历（有，20 分；无，0 分）；

3．学历（大专以下，0 分；大学本科，5 分；硕士，10；博士，15 分）；

4．英语水平（一般，0 分；良好，15 分；熟练，30 分；精通，45 分）；

5．专业背景（文史类，10 分；其他，0 分）.

然后进行排序，取总分前十名进入面试. 最后经过面试、培训、考试和公益实践后就可确定 5 名志愿者.

例 1 一家市场调查公司为研究不同品牌饮料的市场占有率，对随机抽取的一家超市进行了调查. 调查员在某天对 50 名顾客购买饮料的品牌进行了记录，如果一个顾客购买了某一品牌的饮料，就将这一饮料的品牌名字记录一次.

图 1-4 就是记录的原始数据：

	A	B	C	D	E
1	旭日升冰茶	可口可乐	旭日升冰茶	汇源果汁	露露
2	露露	旭日升冰茶	可口可乐	露露	可口可乐
3	旭日升冰茶	可口可乐	可口可乐	百事可乐	旭日升冰茶
4	可口可乐	百事可乐	旭日升冰茶	可口可乐	百事可乐
5	百事可乐	露露	露露	百事可乐	露露
6	可口可乐	旭日升冰茶	旭日升冰茶	汇源果汁	汇源果汁
7	汇源果汁	旭日升冰茶	可口可乐	可口可乐	可口可乐
8	可口可乐	百事可乐	露露	汇源果汁	百事可乐
9	露露	可口可乐	百事可乐	可口可乐	露露
10	可口可乐	旭日升冰茶	百事可乐	汇源果汁	旭日升冰茶
11					

图 1-4

试用 Excel 绘制图 1-4 所示原始数据的频数分布表、柱形图和饼图.

解：1. 用 Excel 绘制图 1-4 所示原始数据（分类数据）频数分布表

步骤如下：

(1) 在 Excel 工作表的 A2：A51 单元格中输入原始数据，然后将不同饮料的品牌名称（分类数据）转换为数字代码输入 B2：B51，五种品牌名称在本题中指定的代码是：1 可口可乐；2 旭日升冰茶；3 百事可乐；4 汇源果汁；5 露露．数字代码不限于 1～5，可以用其他数字．这种转换是为了让 Excel 能够识别，便于统计处理．Excel 把数字代码视为数值型数据，按单变量值分组，再把 1～5 数字代码（代码上限）输入到工作表的 C2：C6，以便 Excel 对 50 个数字代码进行分组计数．A1 的“品牌名称”、B1 的“代码”、C1 的“代码上限”可以不输入，如图 1-5 所示．

Microsoft Excel - 演示

文件(F)　编辑(E)　视图(V)　插入(I)　格式(O)　工具

F9

	A	B	C	D
1	品牌名称	代码	代码上限	
2	旭日升冰茶	2	1	
3	露露	5	2	
4	旭日升冰茶	2	3	
5	可口可乐	1	4	
6	百事可乐	3	5	
7	可口可乐	1		

……

47	汇源果汁	4		
48	可口可乐	1		
49	百事可乐	3		
50	露露	5		
51	旭日升冰茶	2		
52				

图 1-5

(2) 单击【工具】菜单，选择【数据分析】选项，打开【数据分析】对话框，选择【直方图】选项，单击【确定】按钮，如图 1-6 所示．

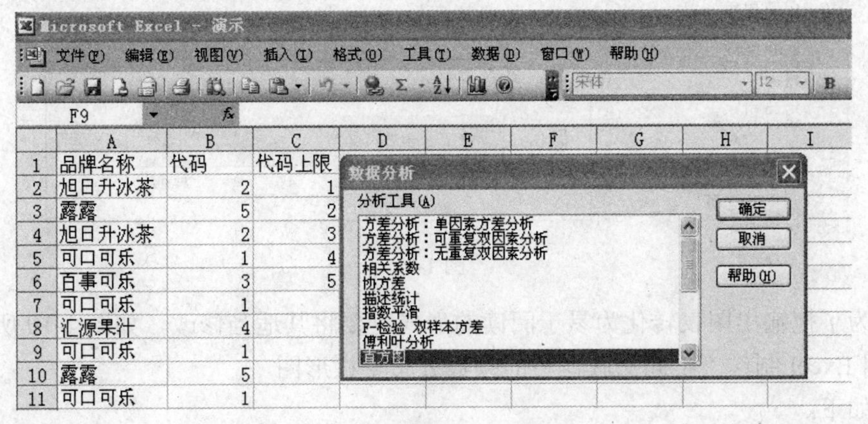

图 1-6

如果【工具】菜单中没有【数据分析】选项，则要安装【分析工具库】. 方法是：单击

【工具】→【加载宏】菜单项，在【加载宏】对话框中勾选【分析工具库】选项，单击【确定】按钮即可安装，如图 1-7 所示.

（3）打开【直方图】对话框后，在【输入区域】框内输入“B2：B51”（代码区域），或用鼠标选择此区域； 在【接收区域】框内输入“C2：C6”（代码上限区域），或用鼠标选择此区域；在【输出区域】（即输出图表的左上角单元格）框内输入“D2”（可根据需要确定），或用鼠标选择 D2 单元格；勾选【图表输出】，如图 1-8 所示.

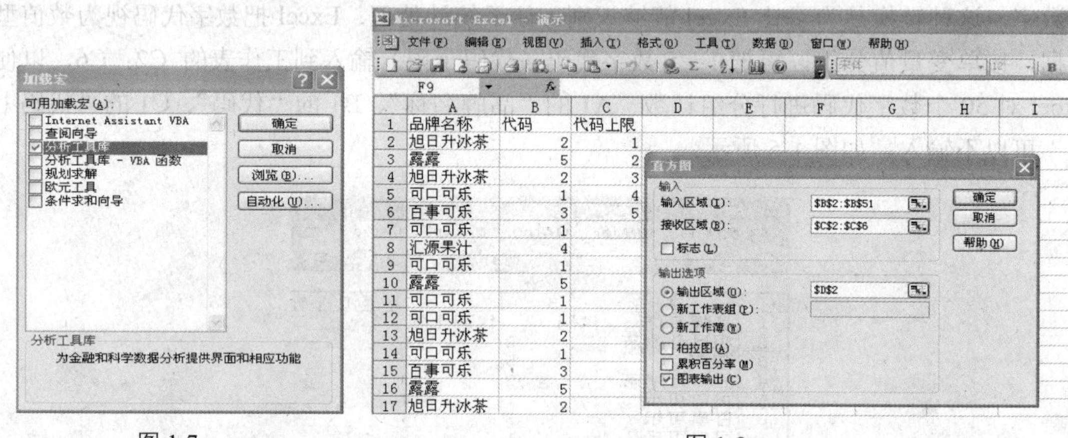

图 1-7　　　　图 1-8

注意：若勾选【图表输出】，则可以输出频数分布和直方图，否则只输出频数分布；若勾选【累积百分率】，则可以输出累积百分率，可根据需要选择；若勾选【柏拉图】，则可得到按降序排列的直方图.

（4）单击【确定】按钮，得到输出图表，如图 1-9 所示.

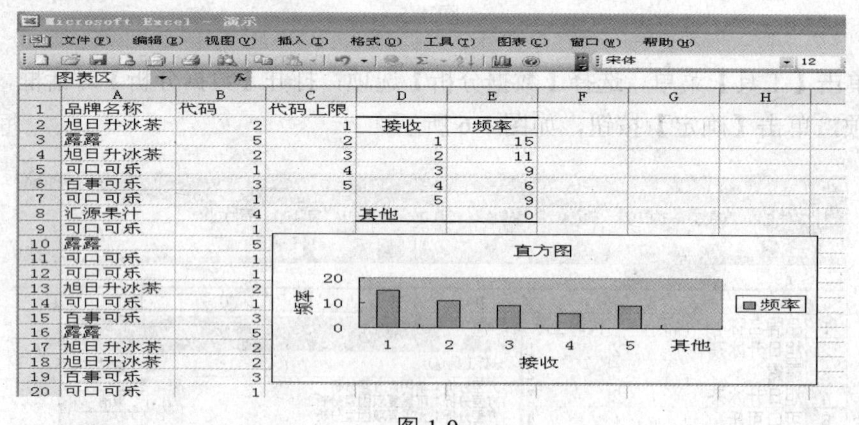

图 1-9

（5）为了把输出图表转化为易于阅读的形式，要将其适当修改，如图 1-10 所示.

2．用 Excel 制作“不同品牌饮料的频数分布”柱形图

步骤如下：

（1）在 Excel 工作表中输入频数分布，单击【插入】菜单，选择【图表】选项，或直接在工具栏上单击【图表向导】按钮，弹出【图表向导-4 步骤之 1-图表类型】对话框，切

换到【标准类型】选项卡中，然后在【图表类型】列表框中选择【柱形图】选项，在【子图表类型】选项组中选择一种类型，这里选择【三维堆积柱形图】选项，如图 1-11 所示.

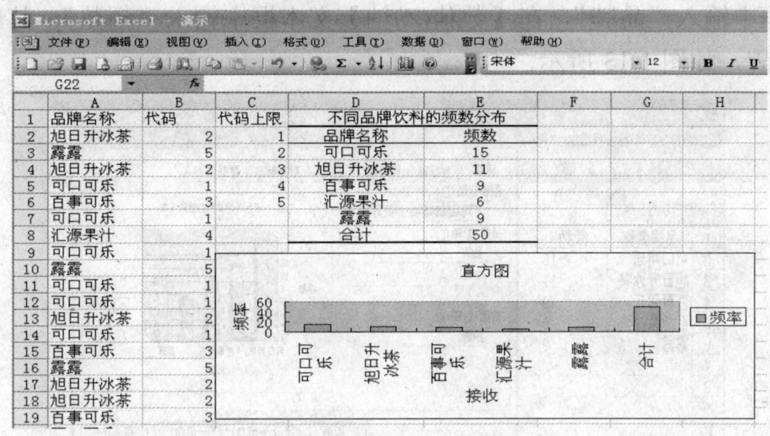

图 1-10

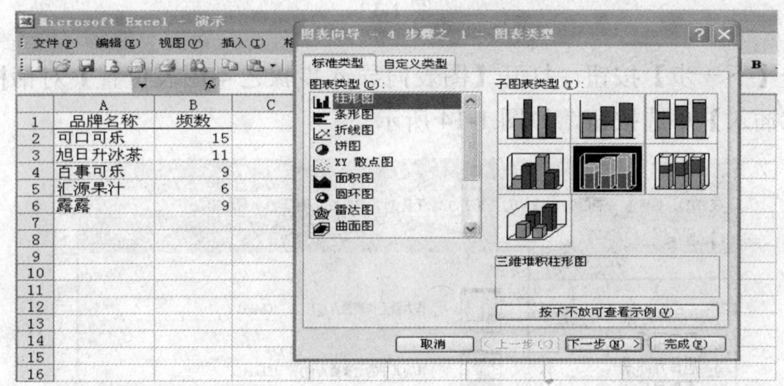

图 1-11

（2）单击【下一步】按钮，打开【图表向导-4 步骤之 2-图表源数据】对话框，切换到【数据区域】选项卡中，用鼠标在工作表中选择单元格区域“A2：B6”，接着选中【系列产生在】选项组框中的【列】单选按钮，如图 1-12 所示.

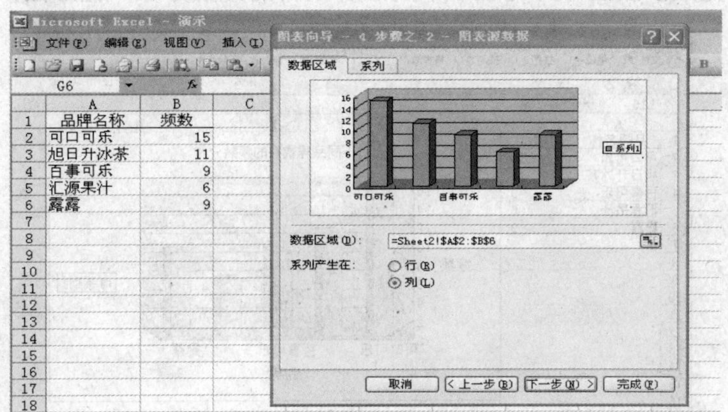

图 1-12

（3）单击【下一步】按钮，打开【图表向导-4 步骤之 3-图表选项】对话框，切换到【标题】选项卡中，然后在【图表标题】文本框中输入“不同品牌饮料的频数分布”，在【分类(X)轴】文本框中输入“品牌”，在【数值(Z)轴】文本框中输入“频数”，其他选项卡可根据需要进行设置，如图 1-13 所示.

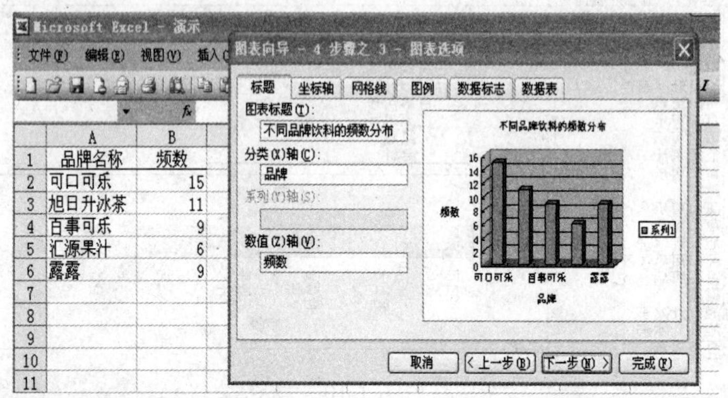

图 1-13

（4）单击【下一步】按钮，打开【图表向导-4 步骤之 4-图表位置】对话框，选中【作为其中的对象插入】单选按钮，如图 1-14 所示.

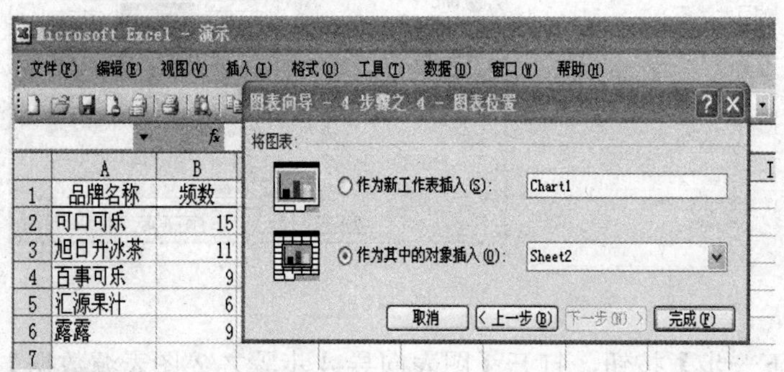

图 1-14

（5）单击【完成】按钮即可完成“不同品牌饮料的频数分布”柱形图，如图 1-15 所示.

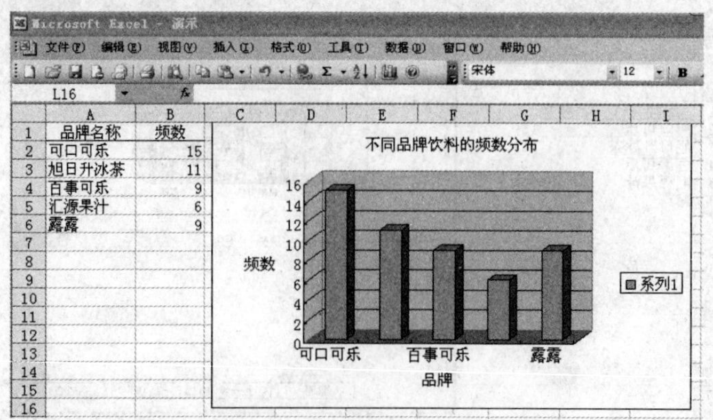

图 1-15

3．用 Excel 制作“不同品牌饮料的构成”饼图

步骤和柱形图的制作类似（略讲）：

（1）单击【插入】菜单，选择【图表】选项，弹出【图表向导-4 步骤之 1-图表类型】对话框，选择【饼图】选项并保持【子图表类型】默认的选项，如图 1-16 所示.

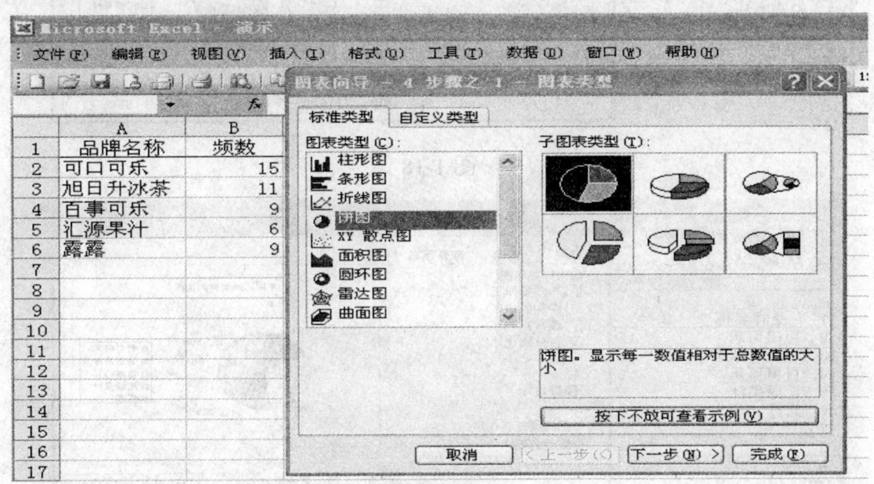

图 1-16

（2）用鼠标在工作表中选择单元格区域“A2：B6”，接着选中【列】单选按钮，如图 1-17 所示.

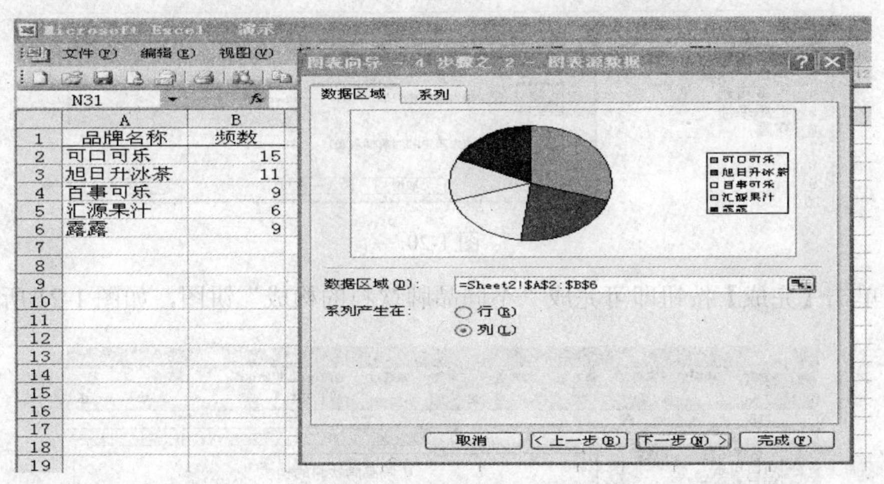

图 1-17

（3）在【图表标题】文本框中输入“不同品牌饮料的构成”，如图 1-18 所示.

（4）切换到【数据标志】选项卡，在【数据标签包括】选项组中选中【值】和【百分比】复选框，其他的选项保持默认设置即可，如图 1-19 所示.

（5）选中【作为其中的对象插入】单选按钮，如图 1-20 所示.

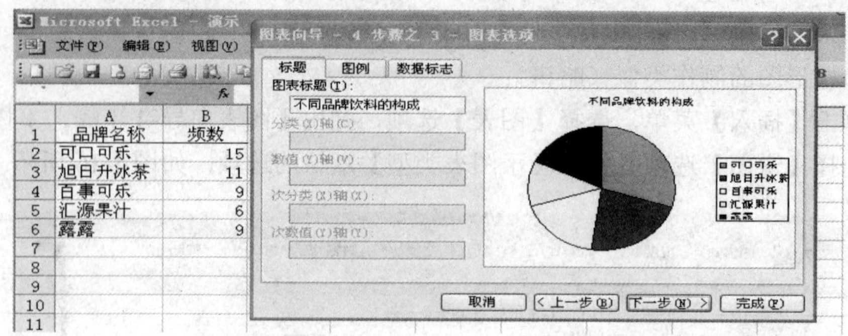

图 1-18

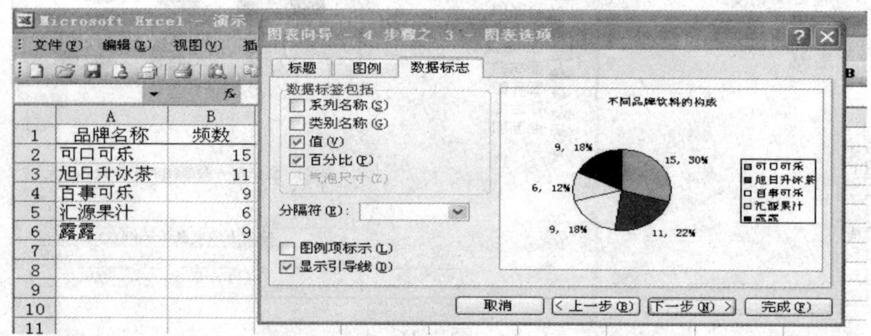

图 1-19

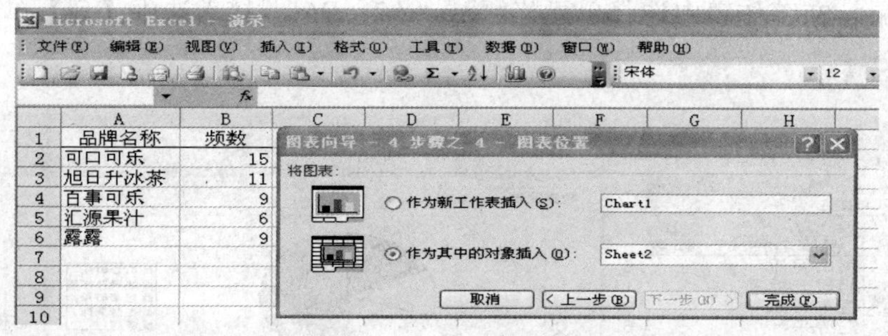

图 1-20

（6）单击【完成】按钮即可完成“不同品牌饮料的构成”饼图，如图 1-21 所示.

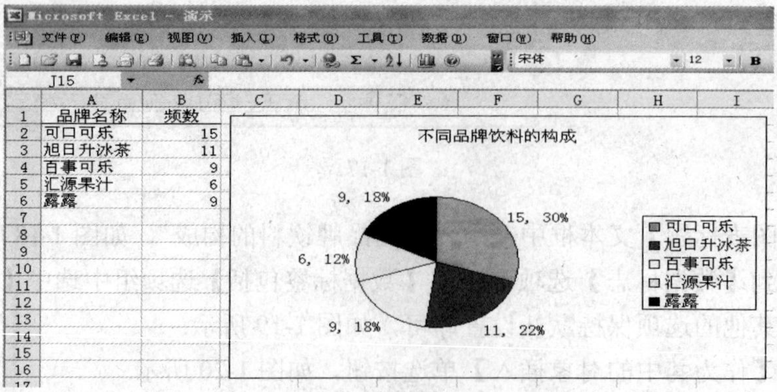

图 1-21

例 2　在一项城市住房问题的研究中，研究人员在甲、乙两个城市各抽样调查 300 户，其中的一个问题是“您对您家庭目前的住房状况是否满意?”

1．非常不满意；2．不满意；3．一般；4．满意；5．非常满意.

调查结果经整理如表 1-1（甲城市家庭对住房状况的评价）和表 1-2（乙城市家庭对住房状况的评价）所示.

表 1–1

回答类别	甲城市					
	户数（户）	百分比（%）	向上累积		向下累积	
			户数（户）	百分比(%)	户数（户）	百分比(%)
非常不满意	24	8	24	8	300	100
不满意	108	36	132	44	276	92
一般	93	31	225	75	168	56
满意	45	15	270	90	75	25
非常满意	30	10	300	100	30	10
合计	**300**	**100**	—	—	—	—

表 1–2

回答类别	乙城市					
	户数（户）	百分比（%）	向上累积		向下累积	
			户数（户）	百分比(%)	户数（户）	百分比(%)
非常不满意	21	7	21	7	300	100
不满意	99	33	120	40	279	93
一般	78	26	198	66	180	60
满意	64	21.3	262	87.3	102	34
非常满意	38	12.7	300	100	38	12.7
合计	**300**	**100**	—	—	—	—

试用 Excel 绘制甲城市对住房状况评价的累积频数分布图和甲、乙两城市家庭对住房状况评价的环形图.

解：1．甲城市对住房状况评价的累积频数分布图

步骤如下：

(1) 在 Excel 工作表中输入相关数据，单击【插入】菜单，选择【图表】选项，或直接在工具栏上单击【图表向导】按钮，弹出【图表向导-4 步骤之 1-图表类型】对话框，切换到【标准类型】选项卡中，然后在【图表类型】列表框中选择【折线图】选项，在【子图表类型】选项组中选择【数据点折线图】选项，如图 1-22 所示.

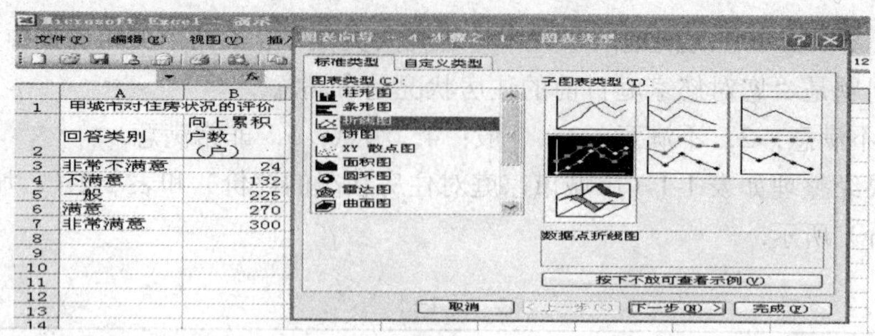

图 1-22

（2）单击【下一步】按钮，打开【图表向导-4 步骤之 2-图表源数据】对话框，切换到【数据区域】选项卡中，用鼠标在工作表中选择单元格区域“A3：B7”，接着选中【系列产生在】选项组中的【列】单选按钮，如图 1-23 所示.

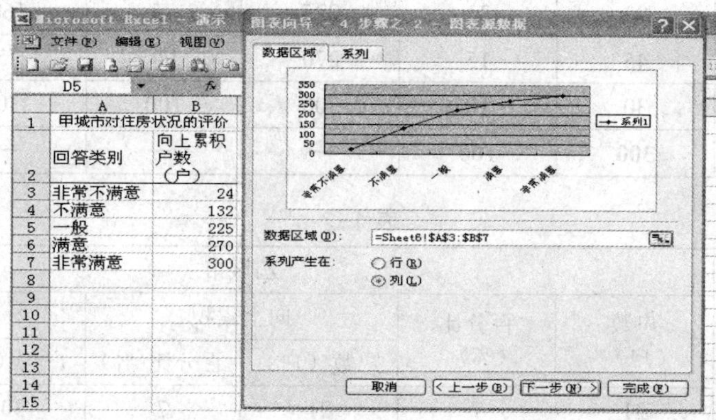

图 1-23

（3）单击【下一步】按钮，打开【图表向导-4 步骤之 3-图表选项】对话框，切换到【标题】选项卡中，然后在【图表标题】文本框中输入“甲城市对住房状况评价的向上累积分布图”，在【分类(X)轴】文本框中输入“回答类别”，在【数值(Y)轴】文本框中输入“向上累积户数（户）”，如图 1-24 所示.

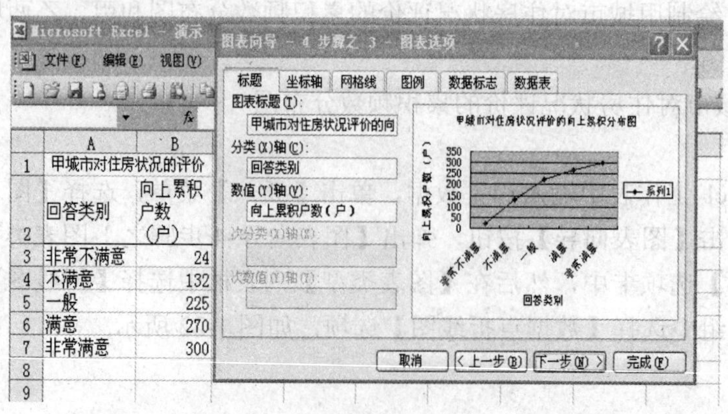

图 1-24

（4）切换到【图例】选项卡中，撤选【显示图例】复选框，如图 1-25 所示.

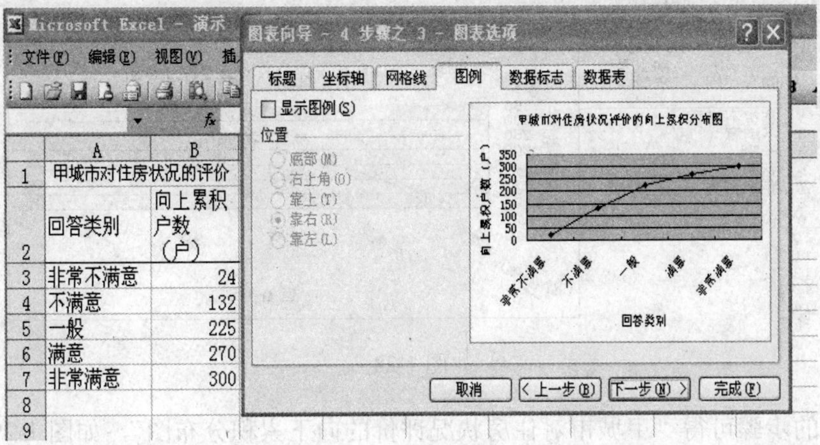

图 1-25

（5）切换到【数据标志】选项卡中，勾选【值】复选框，如图 1-26 所示.

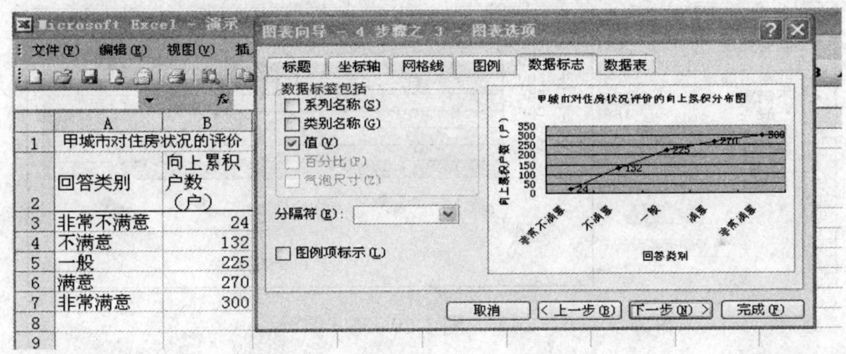

图 1-26

（6）单击【下一步】按钮，打开【图表向导-4 步骤之 4-图表位置】对话框，选中【作为其中的对象插入】单选按钮，如图 1-27 所示.

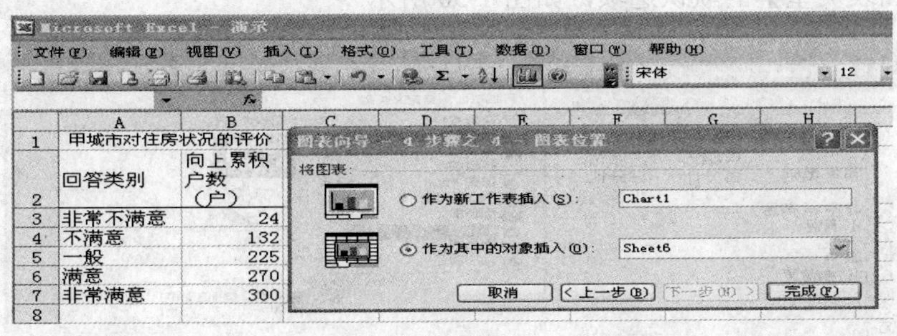

图 1-27

（7）单击【完成】按钮即可完成“甲城市对住房状况评价的向上累积分布图”，如图 1-28 所示.

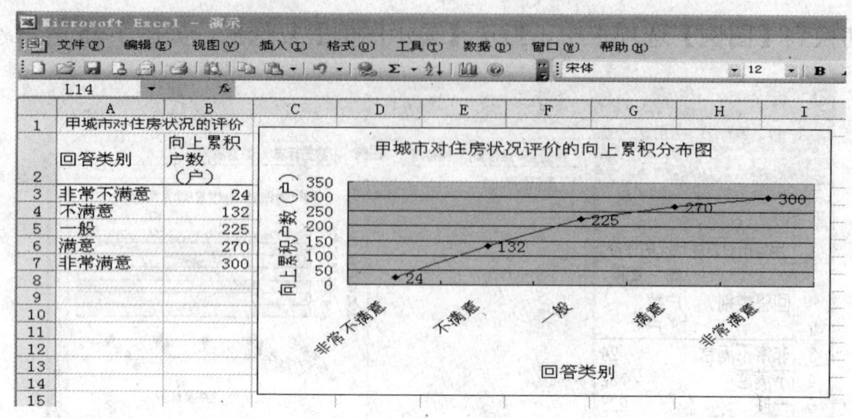

图 1-28

用相同的步骤可得“甲城市对住房状况评价的向下累积分布图”，如图 1-29 所示.

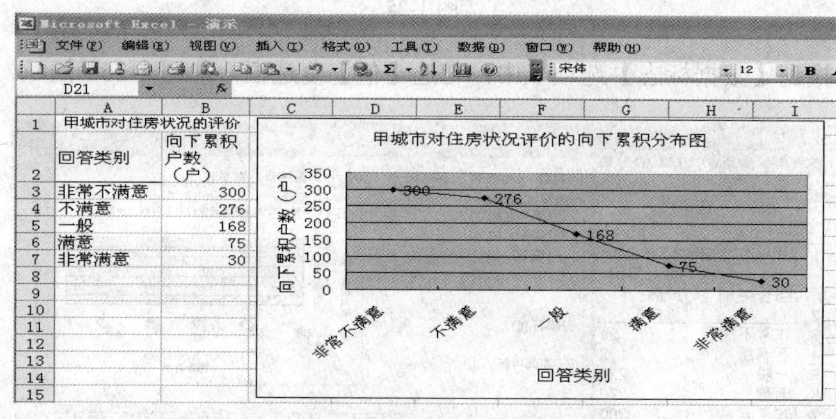

图 1-29

2．甲、乙两城市家庭对住房状况评价的环形图（圆环图）

步骤和折线图的制作类似（略讲）：

（1）在 Excel 工作表中输入相关数据，单击【图表向导】按钮，选择【圆环图】选项并保持【子图表类型】的默认选项，如图 1-30 所示.

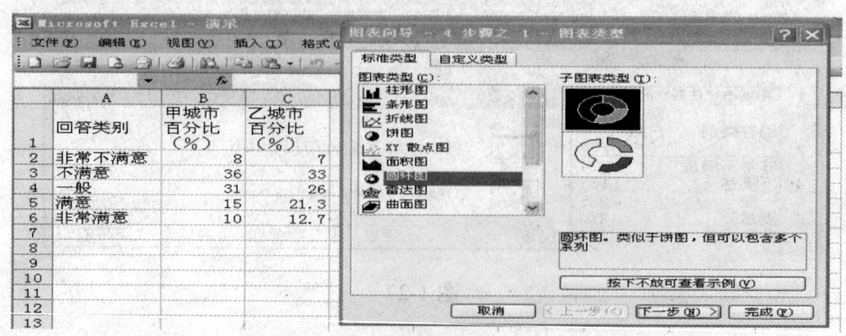

图 1-30

（2）在【图表向导-4 步骤之 2-图表源数据】对话框的【数据区域】选项卡中，用鼠标在工作表中选择单元格区域“A2：C6”，选中【列】单选按钮，如图 1-31 所示.

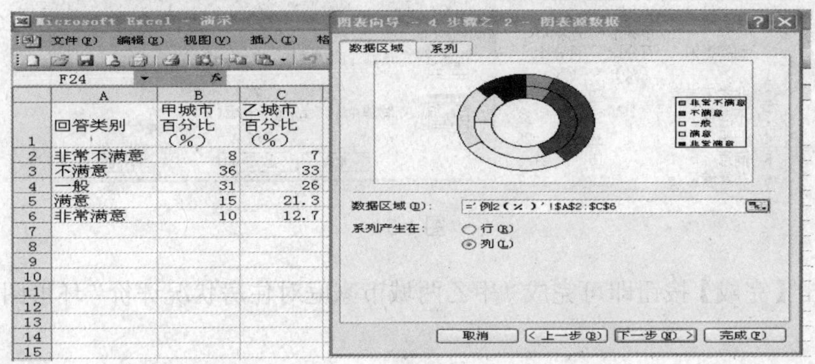

图 1-31

（3）在【图表标题】文本框中输入“甲乙两城市家庭对住房状况的评价”，如图 1-32 所示.

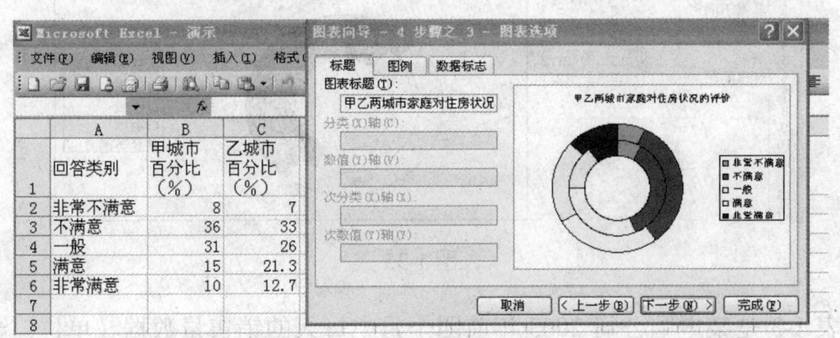

图 1-32

（4）切换到【数据标志】选项卡中，勾选【百分比】复选框，如图 1-33 所示.

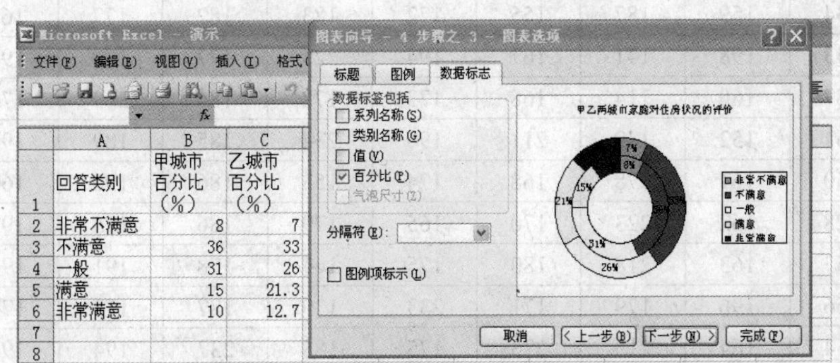

图 1-33

（5）选中【作为其中的对象插入】单选按钮，如图 1-34 所示.

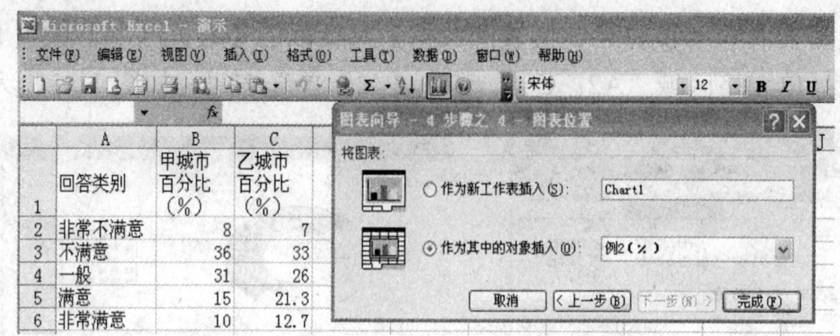

图 1-34

（6）单击【完成】按钮即可完成“甲乙两城市家庭对住房状况评价”环形图，如图 1-35 所示.

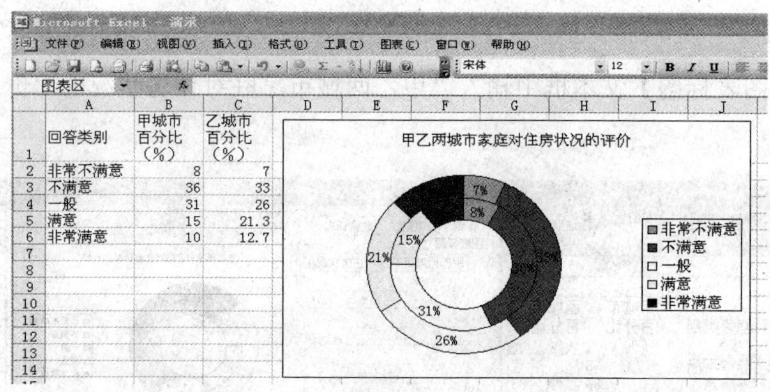

图 1-35

例 3 表 1-3 是某电脑公司 2003 年前四个月中每天的销售量数据（单位：台）.

表 1-3

	A	B	C	D	E	F	G	H	I	J
1	234	159	187	155	172	183	182	177	163	158
2	143	198	141	167	194	225	177	189	196	203
3	187	160	214	168	173	178	184	209	176	188
4	161	152	149	211	196	234	185	189	196	206
5	150	161	178	168	174	153	186	190	160	171
6	228	162	223	170	165	179	186	175	197	208
7	153	163	218	180	175	144	178	191	197	192
8	166	196	179	171	233	179	187	173	174	210
9	154	164	215	233	175	188	237	194	198	168
10	174	226	180	172	190	172	187	189	200	211
11	156	165	175	210	207	181	205	195	201	172
12	203	165	196	172	176	182	188	195	202	213

试用 Excel 绘制表 1-3 中销售量数据的频数分布、直方图.

解：用 Excel 绘制表 1-3 中销售量数据（数值型数据）频数分布的具体步骤如下.

1．数据分组

（1）确定组数 K：$K=1+\dfrac{\lg n}{\lg 2}=1+\dfrac{\lg 120}{\lg 2}\approx 8$. 本例中由于数据较多，我们可分为 10 组.

（2）确定组距：组距=(最大值−最小值)÷组数=(237－141)÷10=9.6，组距取 10.

（3）确定组限：可采用上下组限间断（见表 1-4）.

表 1-4

140－149	150－159	160－169	170－179	180－189
190－199	200－209	210－219	220－229	230－239

或采用上下组限重叠（见表 1-5）.

表 1-5

140－150	150－160	160－170	170－180	180－190
190－200	200－210	210－220	220－230	230－240

2．用 Excel 制作频数分布表

步骤与例 1 介绍的数据分类类似：

（1）在 Excel 工作表的 A2：J13 单元格中输入原始数据，在 K2：K13 单元格中输入各组的组上限. 需要注意的是，Excel 在作频数分布表时，每一组的频数包括一个组的上限值，因此，当相邻两组的上下限重叠时，为解决“不重”的问题，按规定“上组限不在内”来确定组上限，如图 1-36 所示.

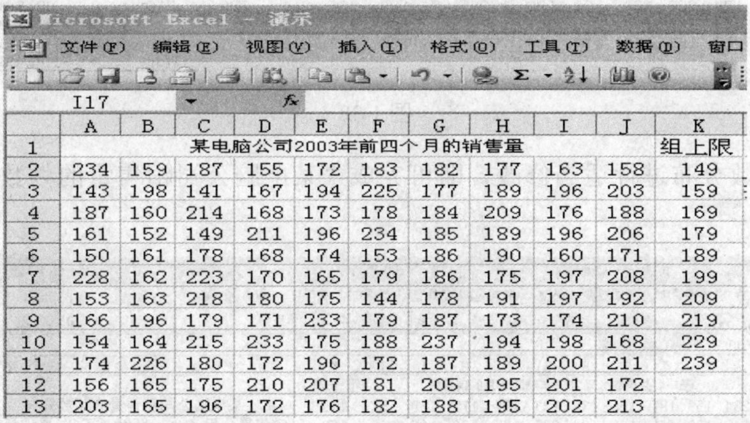

Microsoft Excel - 演示

文件(F) 编辑(E) 视图(V) 插入(I) 格式(O) 工具(T) 数据(D) 窗口

I17

	A	B	C	D	E	F	G	H	I	J	K
1	某电脑公司2003年前四个月的销售量										组上限
2	234	159	187	155	172	183	182	177	163	158	149
3	143	198	141	167	194	225	177	189	196	203	159
4	187	160	214	168	173	178	184	209	176	188	169
5	161	152	149	211	196	234	185	189	196	206	179
6	150	161	178	168	174	153	186	190	160	171	189
7	228	162	223	170	165	179	186	175	197	208	199
8	153	163	218	180	175	144	178	191	197	192	209
9	166	196	179	171	233	179	187	173	174	210	219
10	154	164	215	233	175	188	237	194	198	168	229
11	174	226	180	172	190	172	187	189	200	211	239
12	156	165	175	210	207	181	205	195	201	172	
13	203	165	196	172	176	182	188	195	202	213	

图 1-36

（2）单击【工具】菜单，选择【数据分析】选项，打开【数据分析】对话框，选择【直方图】选项，单击【确定】按钮. 打开【直方图】对话框后，在【输入区域】框内输入“A2：J13”，或用鼠标选择此区域；在【接收区域】框内输入“K2：K13”，或用鼠标选择此区域；在【输出区域】（即输出表的左上角单元格）框内输入“L3”（可根据需要确定），或用鼠标选择 L3 单元格；勾选【累积百分率】复选框（若不需要时，此项可不选）；因为是制作频数分布表，不需要直方图，故不勾选【图表输出】复选框，如图 1-37 所示.

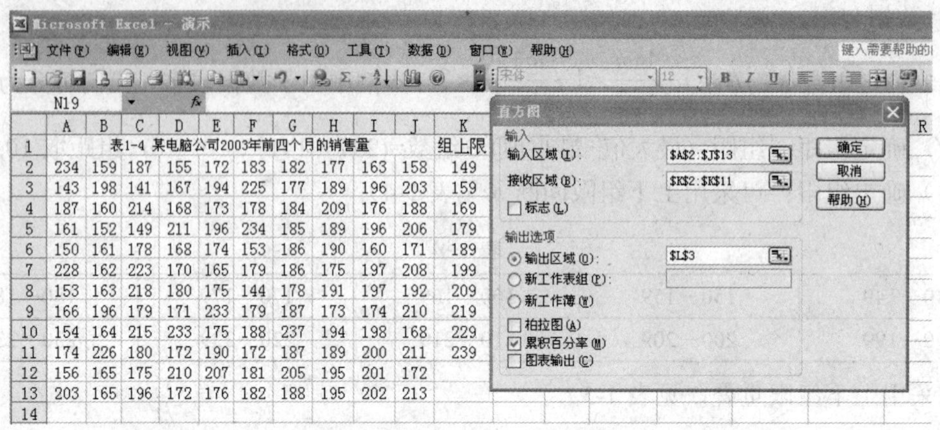

	A	B	C	D	E	F	G	H	I	J	K
1	表1-4 某电脑公司2003年前四个月的销售量										组上限
2	234	159	187	155	172	183	182	177	163	158	149
3	143	198	141	167	194	225	177	189	196	203	159
4	187	160	214	168	173	178	184	209	176	188	169
5	161	152	149	211	196	234	185	189	196	206	179
6	150	161	178	168	174	153	186	190	160	171	189
7	228	162	223	170	165	179	186	175	197	208	199
8	153	163	218	180	175	144	178	191	197	192	209
9	166	196	179	171	233	179	187	173	174	210	219
10	154	164	215	233	175	188	237	194	198	168	229
11	174	226	180	172	190	172	187	189	200	211	239
12	156	165	175	210	207	181	205	195	201	172	
13	203	165	196	172	176	182	188	195	202	213	
14											

图 1-37

（3）单击【确定】按钮，得到频数分布．如图 1-38 所示．

	A	B	C	D	E	F	G	H	I	J	K	L	M	N
1	表1-4 某电脑公司2003年前四个月的销售量										组上限			
2	234	159	187	155	172	183	182	177	163	158	149			
3	143	198	141	167	194	225	177	189	196	203	159	接收	频率	累积 %
4	187	160	214	168	173	178	184	209	176	188	169	149	4	3.33%
5	161	152	149	211	196	234	185	189	196	206	179	159	9	10.83%
6	150	161	178	168	174	153	186	190	160	171	189	169	16	24.17%
7	228	162	223	170	165	179	186	175	197	208	199	179	27	46.67%
8	153	163	218	180	175	144	178	191	197	192	209	189	20	63.33%
9	166	196	179	171	233	179	187	173	174	210	219	199	17	77.50%
10	154	164	215	233	175	188	237	194	198	168	229	209	10	85.83%
11	174	226	180	172	190	172	187	189	200	211	239	219	8	92.50%
12	156	165	175	210	207	181	205	195	201	172		229	4	95.83%
13	203	165	196	172	176	182	188	195	202	213		239	5	100.00%
14												其他	0	100.00%
15														

图 1-38

（4）将频数分布进行适当修改，即可完成“某电脑公司销售量的频数分布”表，如图 1-39 所示．

	A	B	C	D	E	F	G	H	I	J	K	L	M	N
1	表1-4 某电脑公司2003年前四个月的销售量										组上限			
2	234	159	187	155	172	183	182	177	163	158	149	某电脑公司销售量的频数分布		
3	143	198	141	167	194	225	177	189	196	203	159	按销售量分组（台）	频数（天）	累积频率 %
4	187	160	214	168	173	178	184	209	176	188	169	140～149	4	3.33%
5	161	152	149	211	196	234	185	189	196	206	179	150～159	9	10.83%
6	150	161	178	168	174	153	186	190	160	171	189	160～169	16	24.17%
7	228	162	223	170	165	179	186	175	197	208	199	170～179	27	46.67%
8	153	163	218	180	175	144	178	191	197	192	209	180～189	20	63.33%
9	166	196	179	171	233	179	187	173	174	210	219	190～199	17	77.50%
10	154	164	215	233	175	188	237	194	198	168	229	200～209	10	85.83%
11	174	226	180	172	190	172	187	189	200	211	239	210～219	8	92.50%
12	156	165	175	210	207	181	205	195	201	172		220～229	4	95.83%
13	203	165	196	172	176	182	188	195	202	213		230～239	5	100.00%
14												合计	120	100.00%

图 1-39

3．用 Excel 制作直方图

（1）先作柱形图. 在 Excel 工作表中输入频数分布，单击【插入】菜单，选择【图表】选项，然后在【图表类型】列表框中选择【柱形图】选项，在【子图表类型】选项组中选择【簇状柱形图】选项，如图 1-40 所示.

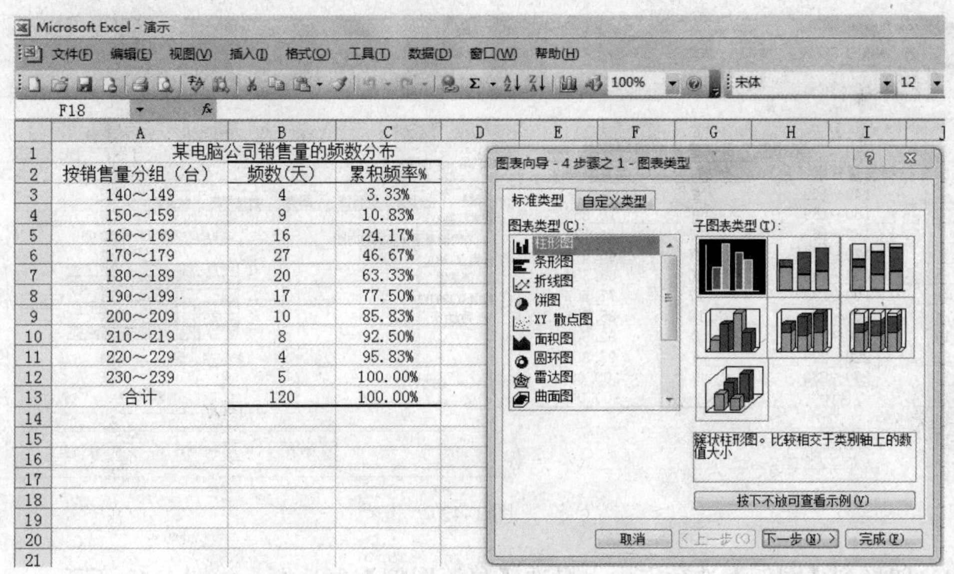

图 1-40

（2）单击【下一步】按钮，打开【图表向导-4 步骤之 2-图表源数据】对话框，切换到【数据区域】选项卡中，用鼠标在工作表中选择单元格区域“A3：B12”，接着选中【系列产生在】选项组中的【列】单选按钮，如图 1-41 所示.

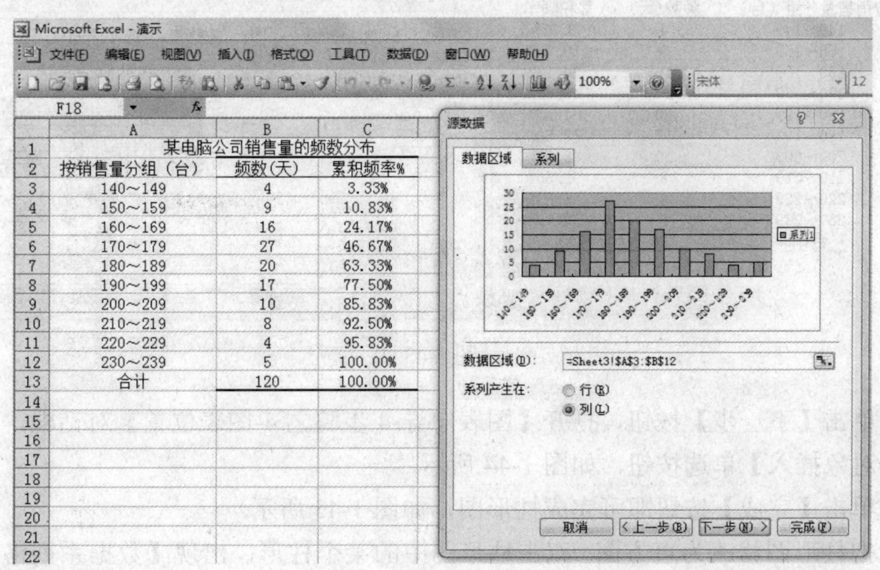

图 1-41

（3）单击【下一步】按钮，打开【图表向导-4 步骤之 3-图表选项】对话框，切换到【标题】选项卡中，然后在【图表标题】文本框中输入“某电脑公司销售量分布的直方图”，在【分类(X)轴】文本框中输入“销售量/台”，在【数值(Y)轴】文本框中输入“频数/天”，如图 1-42 所示.

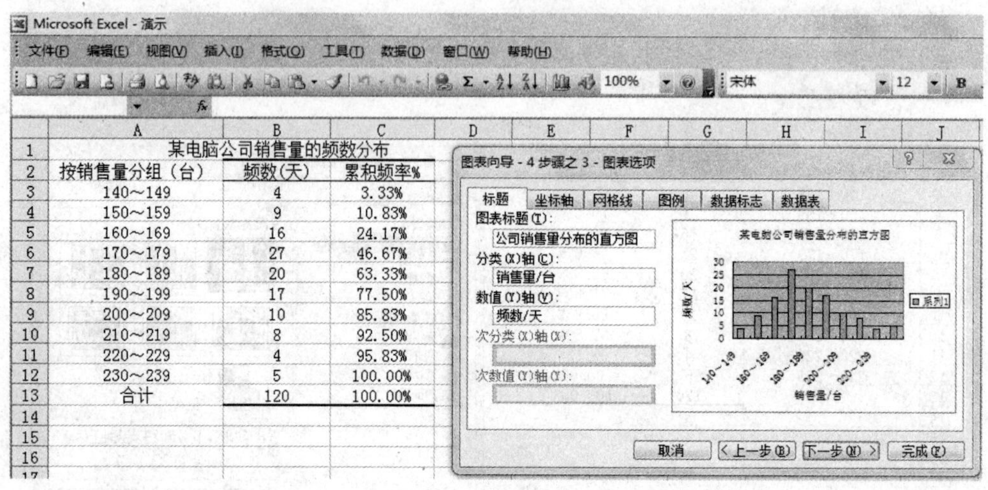

图 1-42

（4）切换到【图例】选项卡中，撤选【显示图例】复选框，如图 1-43 所示.

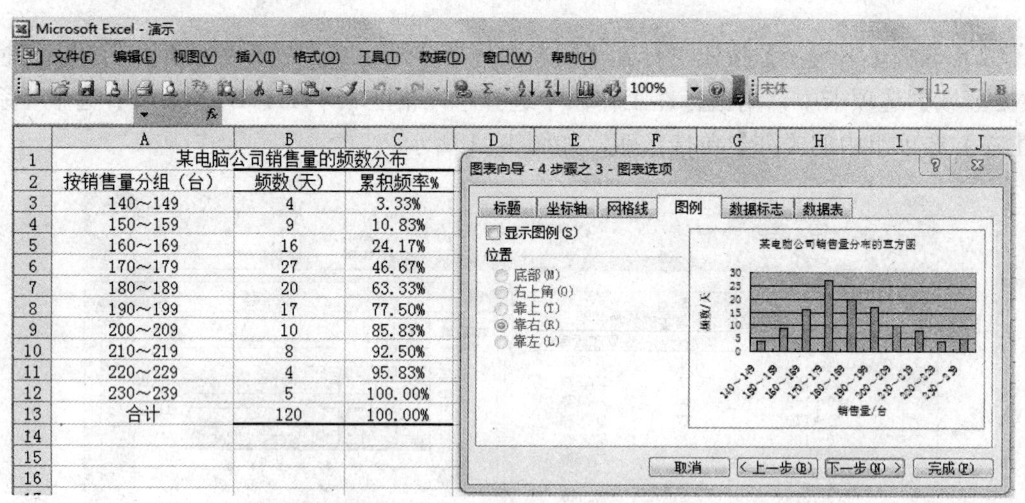

图 1-43

（5）单击【下一步】按钮，打开【图表向导-4 步骤之 4-图表位置】对话框，选中【作为其中的对象插入】单选按钮，如图 1-44 所示.

（6）单击【完成】按钮即可完成柱形图，如图 1-45 所示.

（7）把柱形图修改为直方图. 双击柱形图中的某个柱形，出现【数据系列格式】对话框，如图 1-46 所示.

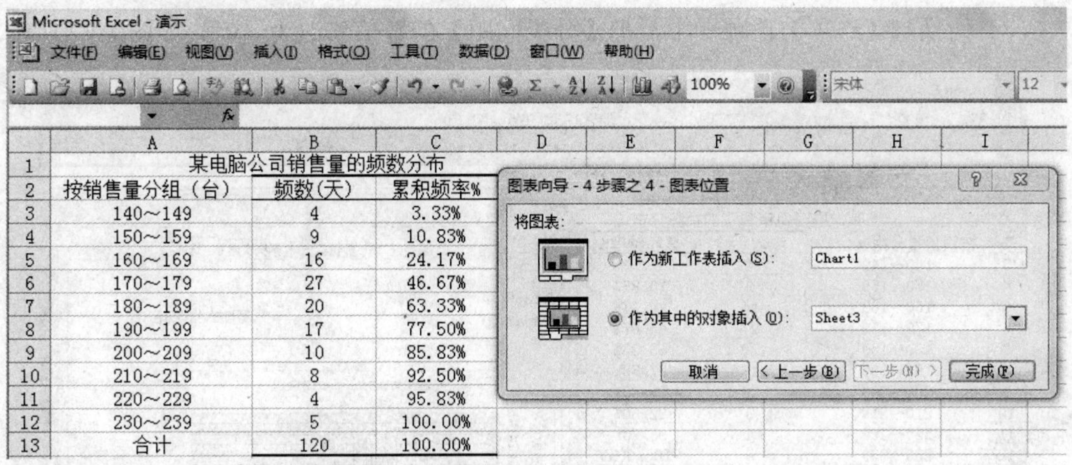

某电脑公司销售量的频数分布		
按销售量分组（台）	频数(天)	累积频率%
140～149	4	3.33%
150～159	9	10.83%
160～169	16	24.17%
170～179	27	46.67%
180～189	20	63.33%
190～199	17	77.50%
200～209	10	85.83%
210～219	8	92.50%
220～229	4	95.83%
230～239	5	100.00%
合计	120	100.00%

图 1-44

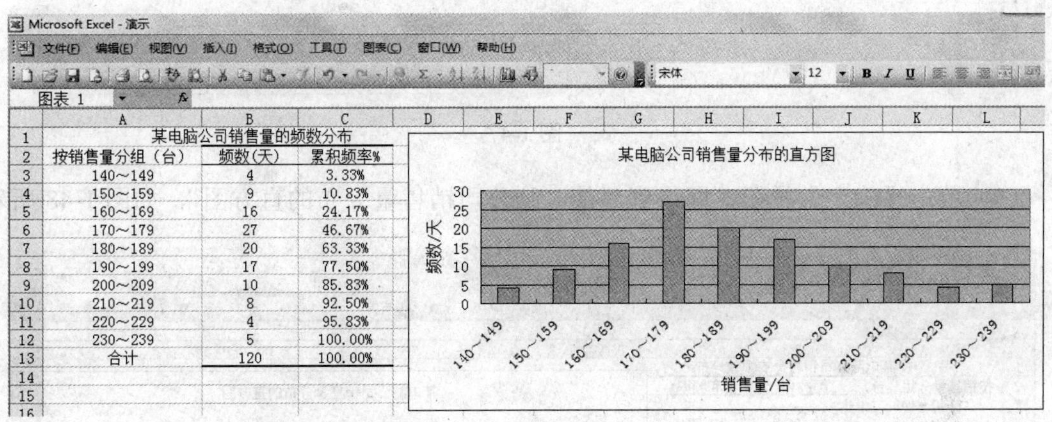

某电脑公司销售量的频数分布		
按销售量分组（台）	频数(天)	累积频率%
140～149	4	3.33%
150～159	9	10.83%
160～169	16	24.17%
170～179	27	46.67%
180～189	20	63.33%
190～199	17	77.50%
200～209	10	85.83%
210～219	8	92.50%
220～229	4	95.83%
230～239	5	100.00%
合计	120	100.00%

图 1-45

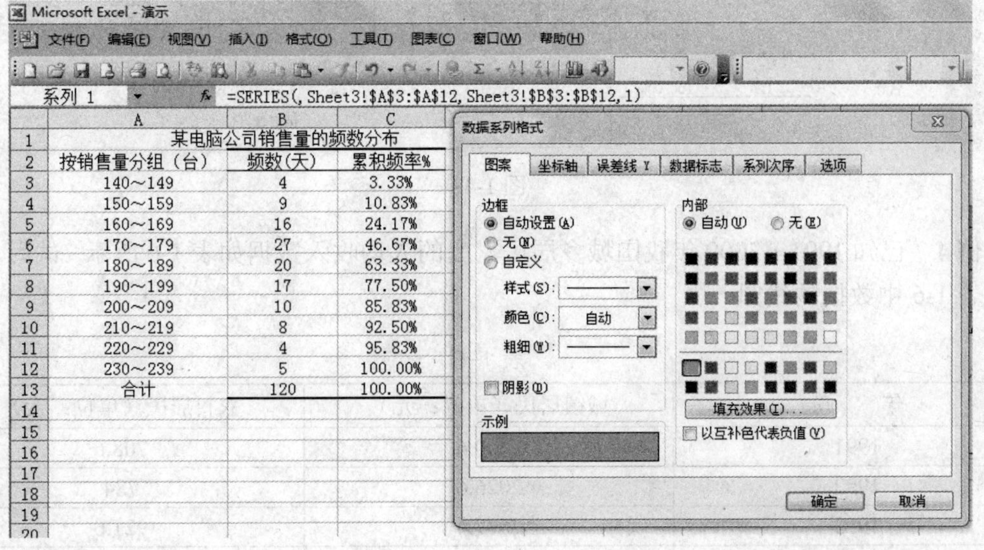

某电脑公司销售量的频数分布		
按销售量分组（台）	频数(天)	累积频率%
140～149	4	3.33%
150～159	9	10.83%
160～169	16	24.17%
170～179	27	46.67%
180～189	20	63.33%
190～199	17	77.50%
200～209	10	85.83%
210～219	8	92.50%
220～229	4	95.83%
230～239	5	100.00%
合计	120	100.00%

图 1-46

（8）切换到【选项】选项卡中，把【分类间距】的数值修改为“0”，如图 1-47 所示.

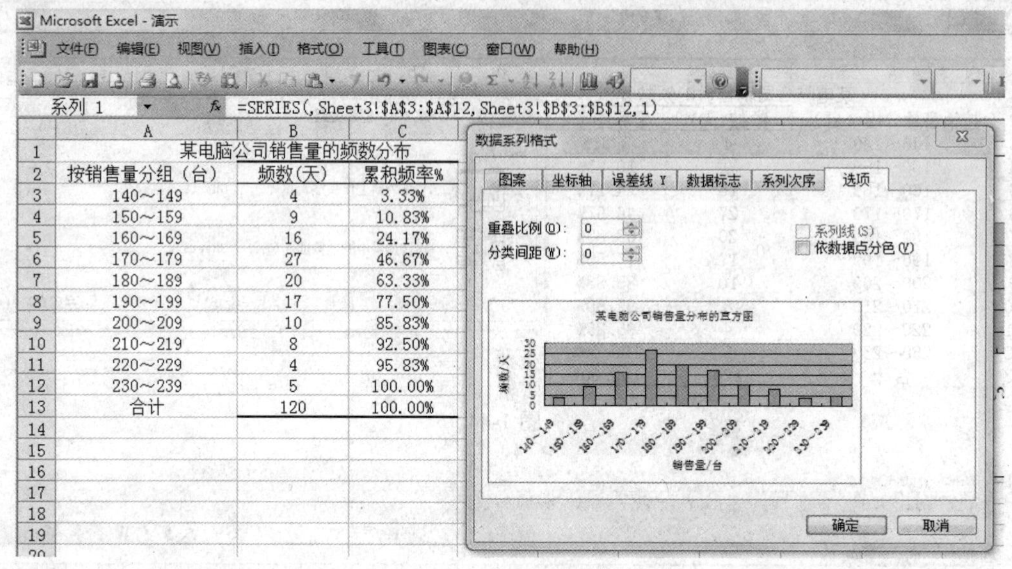

图 1-47

（9）单击【确定】按钮，即得到“某电脑公司销售量分布的直方图”，如图 1-48 所示.

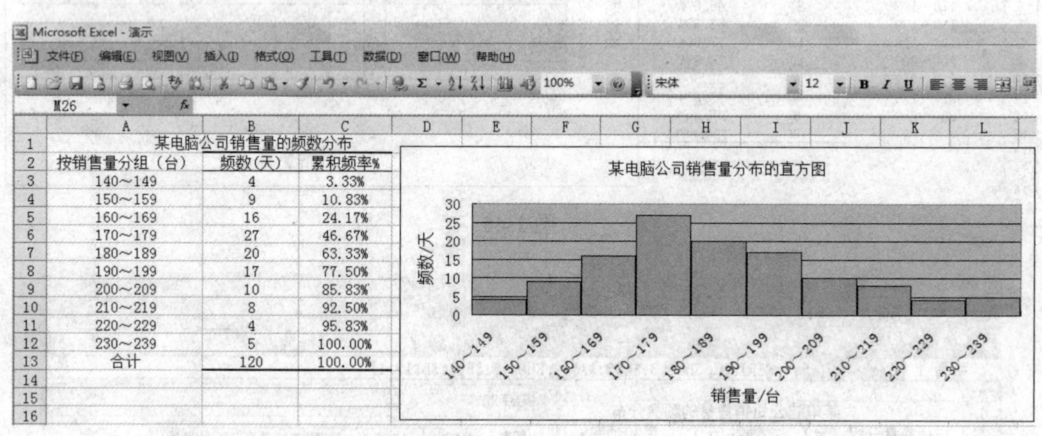

图 1-48

例 4 已知 1991—2000 年我国城乡居民家庭的人均收入数据如表 1-6 所示. 试用 Excel 绘制表 1-6 中数据的线图.

表 1-6

年　　份	城镇居民（单位：元）	农村居民（单位：元）
1991	1700.6	708.6
1992	2026.6	784
1993	2577.4	921.6
1994	3496.2	1221

续表

年　份	城镇居民（单位：元）	农村居民（单位：元）
1995	4283	1577.7
1996	4838.9	1926.1
1997	5160.3	2091.1
1998	5425.1	2162
1999	5854	2210.3
2000	6280	2254.4

资料来源：《中国统计年鉴 2001》，304 页，北京，中国统计出版社，2001.

解：线图的操作步骤（参考案例 2 的累积频数分布图）如下：

（1）在 Excel 工作表中输入表 1-6 的数据，单击【图表向导】按钮，选择【折线图】及【数据点折线图】选项，如图 1-49 所示.

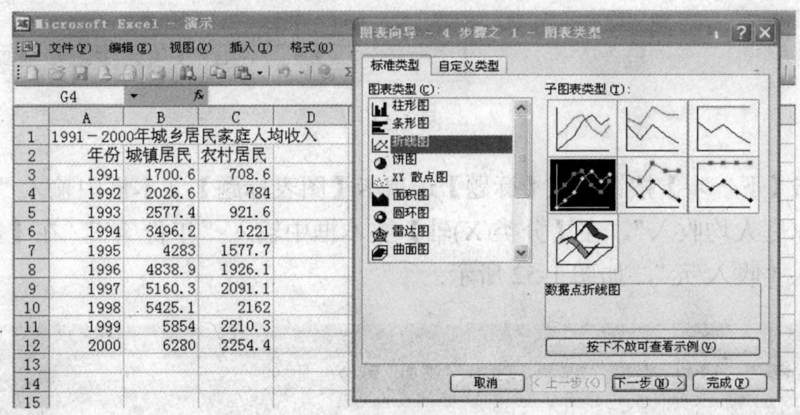

图 1-49

（2）单击【下一步】按钮，在【数据区域】选项卡中，选择单元格区域“B2：C12”和【列】单选按钮，如图 1-50 所示.

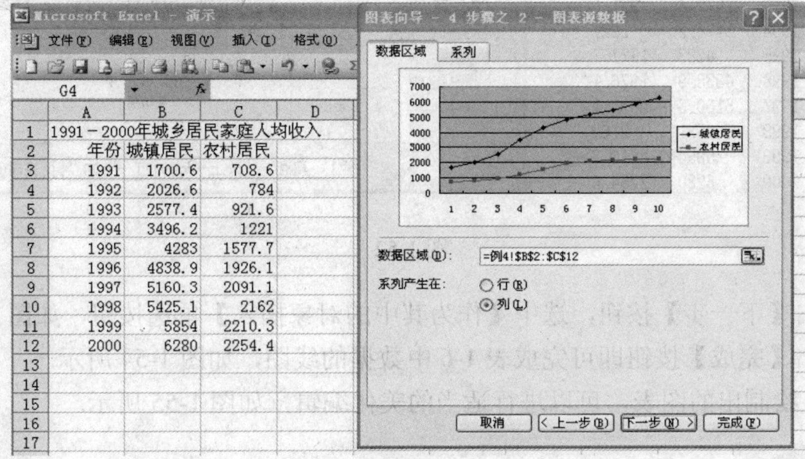

图 1-50

（3）切换到【系列】选项卡中，在【分类(X)轴标志】文本框中选择单元格区域 A3：A12，如图 1-51 所示.

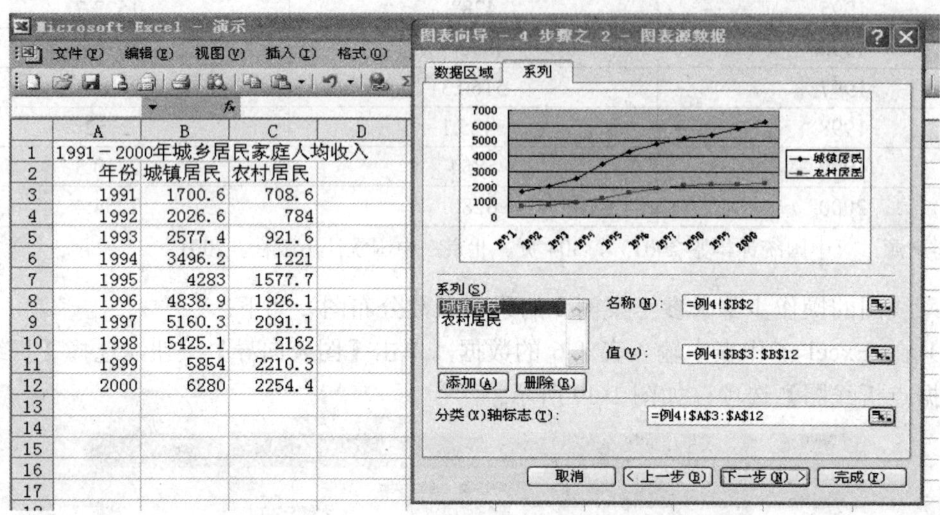

图 1-51

（4）单击【下一步】按钮，在【标题】选项卡【图表标题】文本框中输入“1991－2000 年城乡居民家庭人均收入”，在【分类(X)轴】文本框中输入“年份/年”，在【数值(Y)轴】文本框中输入“收入/元”，如图 1-52 所示.

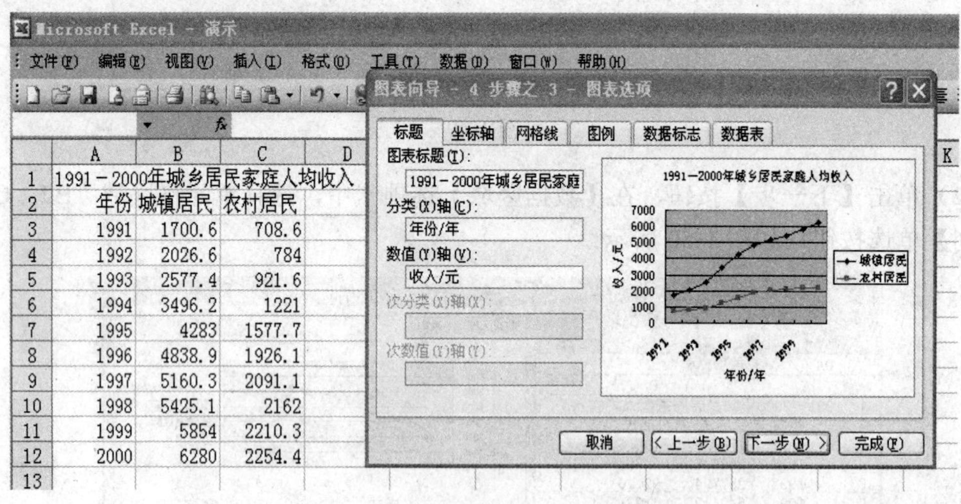

图 1-52

（5）单击【下一步】按钮，选中【作为其中的对象插入】单选按钮，如图 1-53 所示.

（6）单击【完成】按钮即可完成表 1-6 中数据的线图，如图 1-54 所示.

用 Excel 绘制出的图表，可以进行适当的美化编辑，如图 1-55 所示.

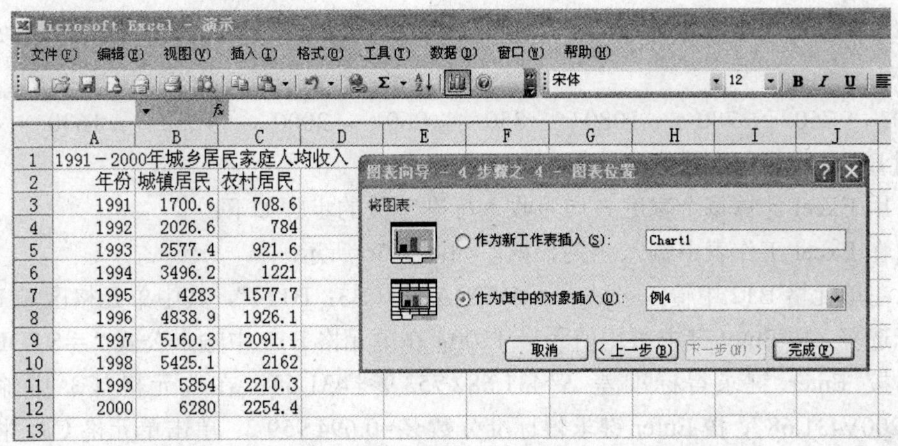

图 1-53

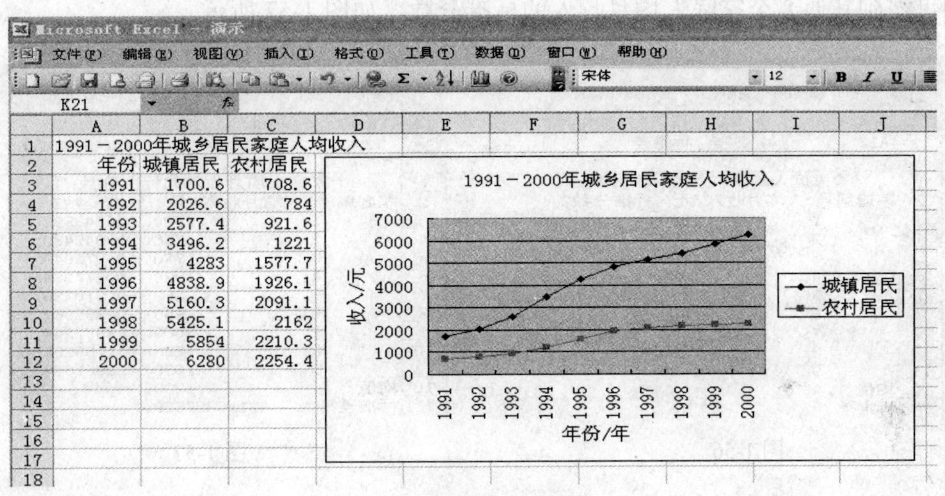

图 1-54

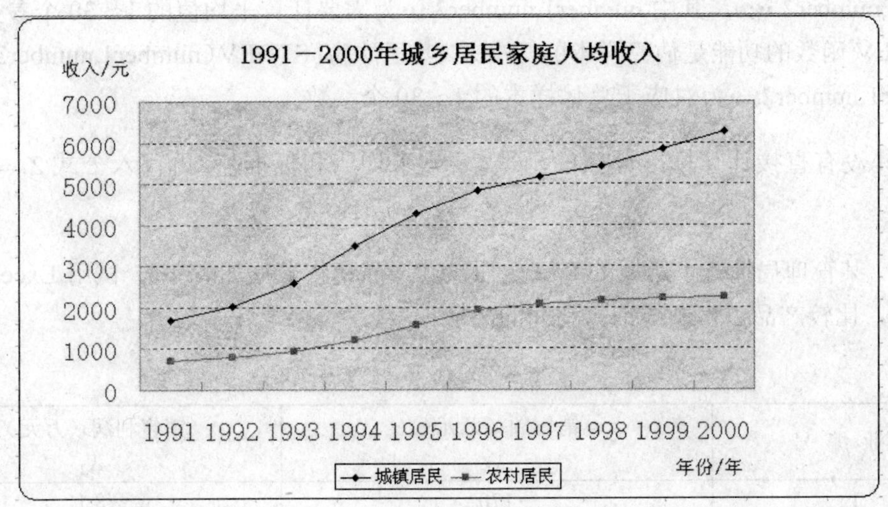

图 1-55

例 5 在某城市中随机抽取 9 个家庭，调查得到每个家庭的人均月收入数据如下（单位：元）：

1500　750　780　1080　850　960　2000　1250　1630.

试用 Excel 计算每个家庭人均月收入的标准分数.

解：用 Excel 计算每个家庭人均月收入标准分数的步骤如下：

（1）在 Excel 工作表中输入相关数据，如图 1-56 所示.

（2）在单元格 B12 中输入公式“＝AVERAGE（B3：B11）”，其中单元格区域 B3：B11 可用鼠标选择，按 Enter 键求得均值 $\overline{X}=1200$；在单元格 B13 中输入公式“＝STDEV（B3：B11）”，按 Enter 键求得标准差 S=431.682 753 9≈431.68；在单元格 C3 中输入公式“=(B3−1200)/431.68”，按 Enter 键求得标准分数 Z_1=0.694 959 2；单击单元格 C3，将鼠标移至单元格 C3 的右下角，当鼠标指针变为十字形状时按下左键拖动到单元格 C11，释放鼠标左键即可得到其他 8 个家庭人均月收入的标准分数，如图 1-57 所示.

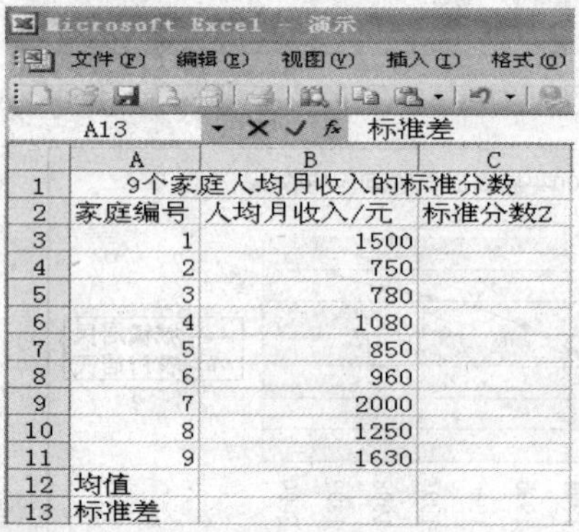

Microsoft Excel - 演示

A13　标准差

	A	B	C
1	9个家庭人均月收入的标准分数		
2	家庭编号	人均月收入/元	标准分数Z
3	1	1500	
4	2	750	
5	3	780	
6	4	1080	
7	5	850	
8	6	960	
9	7	2000	
10	8	1250	
11	9	1630	
12	均值		
13	标准差		

图 1-56

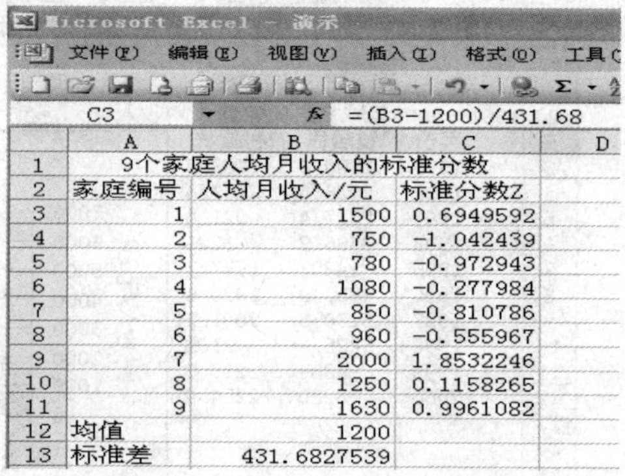

Microsoft Excel - 演示

C3　=(B3-1200)/431.68

	A	B	C	D
1	9个家庭人均月收入的标准分数			
2	家庭编号	人均月收入/元	标准分数Z	
3	1	1500	0.6949592	
4	2	750	-1.042439	
5	3	780	-0.972943	
6	4	1080	-0.277984	
7	5	850	-0.810786	
8	6	960	-0.555967	
9	7	2000	1.8532246	
10	8	1250	0.1158265	
11	9	1630	0.9961082	
12	均值	1200		
13	标准差	431.6827539		

图 1-57

AVERAGE 函数的功能是返回参数的平均值（算术平均值）. 其语法为：AVERAGE（number1,number2,…）. 其中 number1,number2,…为需要计算平均值的 1～30 个参数.

STDEV 函数的功能是估算样本的标准差. 其语法为：STDEV（number1,number2,…）. 其中 number1,number2,…为对应于总体样本的 1～30 个参数.

Excel 没有直接计算标准分数的函数，要先求均值和标准差，再代入公式 $Z_i=\dfrac{X_i-\bar{X}}{S}$ 计算.

例 6 某管理局抽查了所属的 8 家企业，其产品销售数据如表 1-7. 试用 Excel 进行有关的计算，比较产品销售额与销售利润的离散程度.

表 1-7

企业编号	销售额（万元）X_1	销售利润（万元）X_2
1	170	8.1
2	220	12.5

续表

企业编号	销售额（万元） X_1	销售利润（万元） X_2
3	390	18
4	430	22
5	480	26.5
6	650	40
7	950	64
8	1000	69

解：由于销售额与销售利润的数据水平不同，不能直接用标准差进行比较，需要计算离散系数.

用 Excel 计算如下：

（1）在 Excel 工作表中输入相关数据，如图 1-58 所示.

（2）在单元格 B11 中输入公式"＝AVERAGE（B3：B10）"，其中单元格区域 B3：B10 可用鼠标选择，按 Enter 键求得均值 $\overline{X}_1$＝536.25（万元）；在单元格 C11 中输入公式"＝AVERAGE（C3：C10）"，按 Enter 键求得均值 $\overline{X}_2$＝32.5125（万元）. 在单元格 B12 中输入公式"＝STDEV（B3：B10）"，按 Enter 键求得标准差 $S_1 \approx 309.19$（万元）；在单元格 C12 中输入公式"＝STDEV（C3：C10）"，按 Enter 键求得标准差 $S_2 \approx 23.09$（万元）. 在单元格 B13 中输入公式"＝B12/B11"，按 Enter 键求得离散系数 $v_1 \approx 0.577$；在单元格 C13 中输入公式"＝C12/C11"，按 Enter 键求得离散系数 $v_2 \approx 0.710$，如图 1-59 所示.

Microsoft Excel - 演示

A13 离散系数

	A	B	C
1	某管理局所属8家企业的产品销售数据		
2	企业编号	销售额/万元	销售利润/万元
3	1	170	8.1
4	2	220	12.5
5	3	390	18
6	4	430	22
7	5	480	26.5
8	6	650	40
9	7	950	64
10	8	1000	69
11	均值		
12	标准差		
13	离散系数		

图 1-58

Microsoft Excel - 演示

C13 =C12/C11

	A	B	C
1	某管理局所属8家企业的产品销售数据		
2	企业编号	销售额/万元	销售利润/万元
3	1	170	8.1
4	2	220	12.5
5	3	390	18
6	4	430	22
7	5	480	26.5
8	6	650	40
9	7	950	64
10	8	1000	69
11	均值	536.25	32.5125
12	标准差	309.189609	23.09176956
13	离散系数	0.576577359	0.710242816

图 1-59

销售额：$\overline{X}_1 = 536.25$（万元），S_1=309.19（万元），$v_1 = \dfrac{S_1}{\overline{X}_1} \approx 0.577$；

销售利润：$\overline{X}_2 = 32.5125$（万元），S_2=23.09（万元），$v_2 = \dfrac{S_2}{\overline{X}_2} \approx 0.710$.

计算结果表明，$v_1<v_2$，说明产品销售额的离散程度小于销售利润的离散程度.

例 7 某百货公司 6 月份各天的销售额数据如表 1-8 所示.

表 1-8 单位：万元

257	276	297	252	238	310	240	236	265	278
271	292	261	281	301	274	267	280	291	258
272	284	268	303	273	263	322	249	269	295

要求：1. 计算该百货公司日销售额的均值、中位数和四分位数.

2. 计算日销售额的标准差.

解：1. 计算该百货公司日销售额的均值、中位数和四分位数

（1）均值：在单元格 B8 中输入公式"＝AVERAGE(B2:F7)"，按 Enter 键求得销售额的均值 $\bar{X}=274$（万元），如图 1-60 所示.

Microsoft Excel - 演示

文件(F) 编辑(E) 视图(V) 插入(I) 格式(O) 工具

B8 =AVERAGE(B2:F7)

	A	B	C	D	E	F	G
1		某公司6月的销售额（万元）					
2		257	297	238	240	265	
3		271	261	301	267	291	
4		272	268	273	322	269	
5		276	252	310	236	278	
6		292	284	274	280	258	
7		284	303	263	249	295	
8	均值	274					

图 1-60

（2）中位数：在单元格 B9 中输入公式"＝MEDIAN(B2:F7)"，按 Enter 键求得中位数 273，如图 1-61 所示.

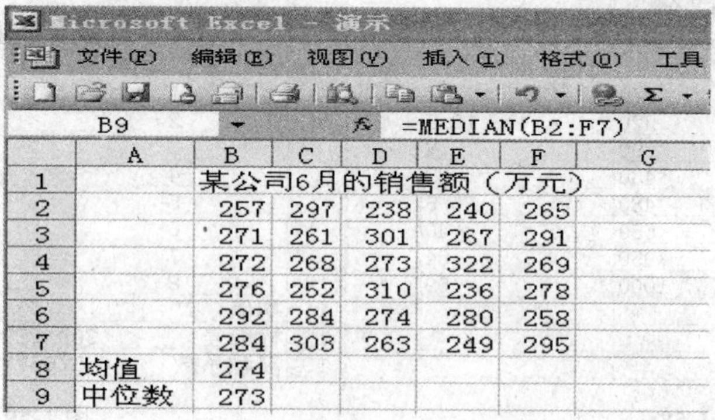

Microsoft Excel - 演示

文件(F) 编辑(E) 视图(V) 插入(I) 格式(O) 工具

B9 =MEDIAN(B2:F7)

	A	B	C	D	E	F	G
1		某公司6月的销售额（万元）					
2		257	297	238	240	265	
3		271	261	301	267	291	
4		272	268	273	322	269	
5		276	252	310	236	278	
6		292	284	274	280	258	
7		284	303	263	249	295	
8	均值	274					
9	中位数	273					

图 1-61

MEDIAN 函数的功能是返回给定数值集合的中值，其语法为：MEDIAN（number1, number2,⋯）. 其中 number1,number2,⋯为要计算中值的 1～30 个数值.

（3）四分位数：在单元格 B10 中输入公式"＝QUARTILE(B2:F7,1)"，按 Enter 键求得下四分位数为 Q_1=262；在单元格 B11 中输入公式"＝QUARTILE(B2:F7,3)"，按 Enter 键求

得上四分位数为 Q_3=289. 如图 1-62 所示.

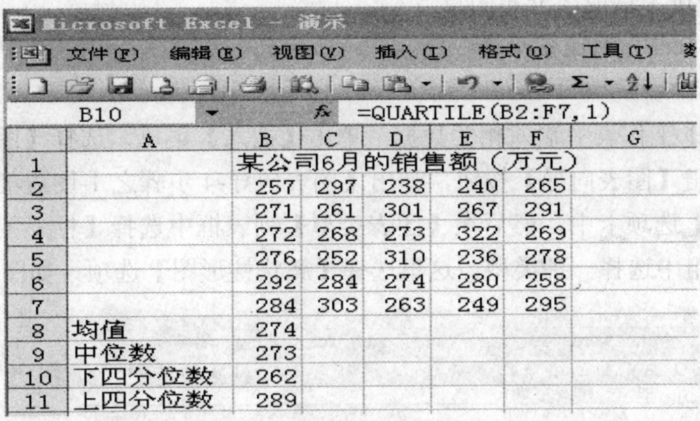

Microsoft Excel - 演示

文件(F)　编辑(E)　视图(V)　插入(I)　格式(O)　工具(T)　数

B10　f_x =QUARTILE(B2:F7,1)

	A	B	C	D	E	F	G
1		某公司6月的销售额（万元）					
2		257	297	238	240	265	
3		271	261	301	267	291	
4		272	268	273	322	269	
5		276	252	310	236	278	
6		292	284	274	280	258	
7		284	303	263	249	295	
8	均值	274					
9	中位数	273					
10	下四分位数	262					
11	上四分位数	289					

图 1-62

2．计算日销售额的标准差

在单元格 B12 中输入公式“＝STDEV (B2:F7)”，按 Enter 键求得标准差 S=21.2（万元），如图 1-63 所示.

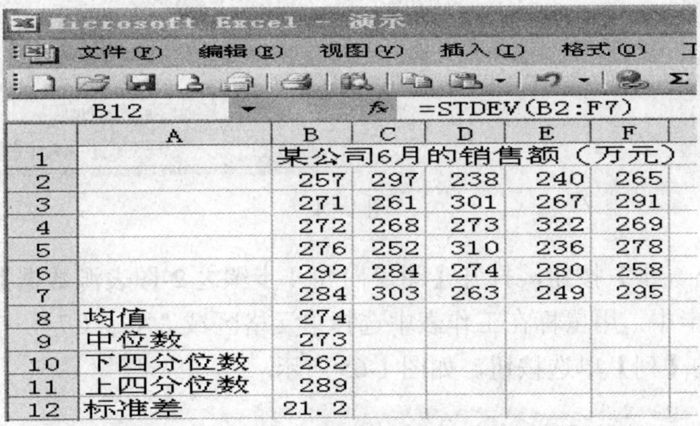

Microsoft Excel - 演示

文件(F)　编辑(E)　视图(V)　插入(I)　格式(O)　工

B12　f_x =STDEV(B2:F7)

	A	B	C	D	E	F
1		某公司6月的销售额（万元）				
2		257	297	238	240	265
3		271	261	301	267	291
4		272	268	273	322	269
5		276	252	310	236	278
6		292	284	274	280	258
7		284	303	263	249	295
8	均值	274				
9	中位数	273				
10	下四分位数	262				
11	上四分位数	289				
12	标准差	21.2				

图 1-63

例 8　甲、乙两个班各有 40 名学生，期末统计学考试成绩的分布如表 1-9 所示.

表 1-9

考试成绩	人数	
	甲班	乙班
优	3	6
良	6	15
中	18	9
及格	9	8
不及格	4	2

要求：1．根据上面的数据，画出两个班考试成绩的对比条形图和环形图.

2．比较两个班考试成绩分布的特点.

解：1．用 Excel 做对比条形图

步骤如下：

（1）在 Excel 工作表中输入相关数据，单击【插入】菜单，选择【图表】选项，或直接在工具栏上单击【图表向导】按钮，弹出【图表向导-4 步骤之 1-图表类型】对话框，切换到【标准类型】选项卡中，然后在【图表类型】列表框中选择【柱形图】选项，在【子图表类型】选项组中选择一种类型，这里选择【簇状柱形图】选项，如图 1-64 所示.

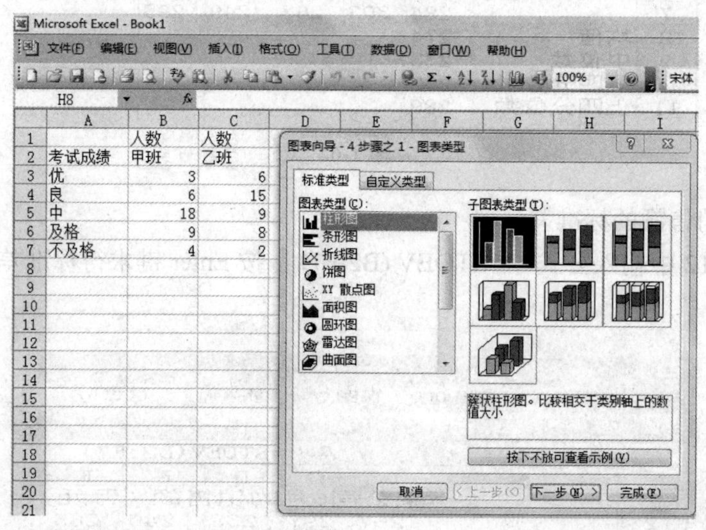

图 1-64

（2）单击【下一步】按钮，打开【图表向导-4 步骤之 2-图表源数据】对话框，切换到【数据区域】选项卡中，用鼠标在工作表中选择单元格区域“A2：C7”，接着选中【系列产生在】组合框中的【列】单选按钮，如图 1-65 所示.

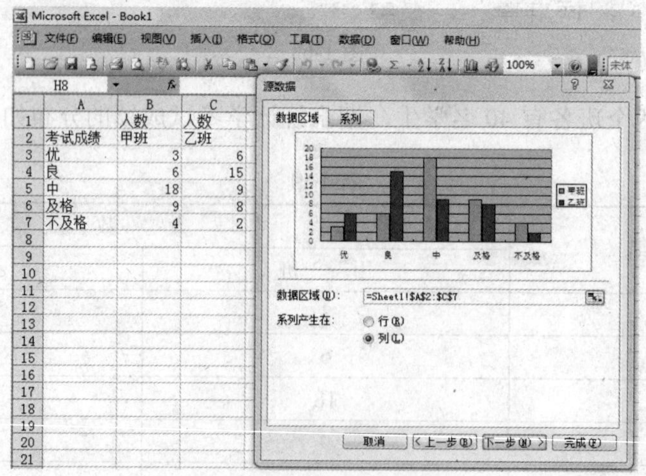

图 1-65

（3）单击【下一步】按钮，打开【图表向导-4 步骤之 3-图表选项】对话框，切换到【标题】选项卡中，然后在【图表标题】文本框中输入“甲班和乙班的对比条形图”，在【分类(X)轴】文本框中输入“成绩”，在【数值(Y)轴】文本框中输入“人数”，其他选项卡可根据需要进行设置，如图 1-66 所示.

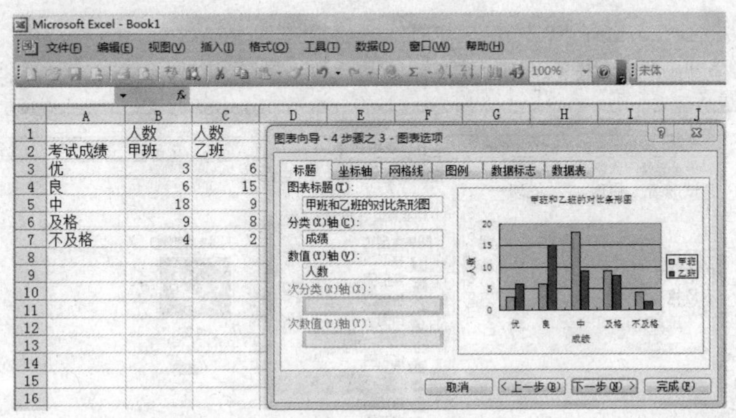

图 1-66

（4）单击【下一步】按钮，打开【图表向导-4 步骤之 4-图表位置】对话框，选中【作为其中的对象插入】单选按钮，如图 1-67 所示.

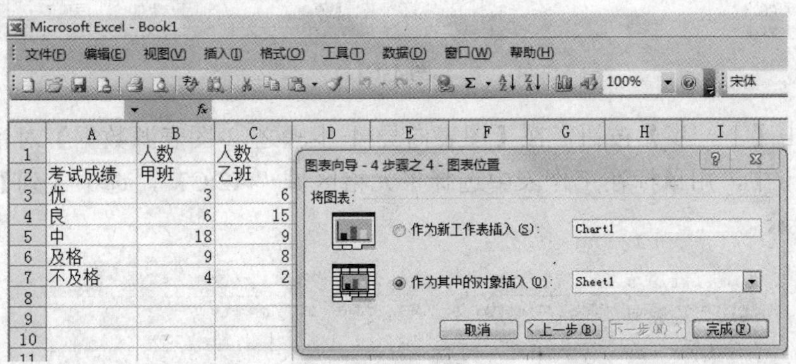

图 1-67

（5）单击【完成】按钮即完成“甲班和乙班的对比条形图”，如图 1-68 所示.

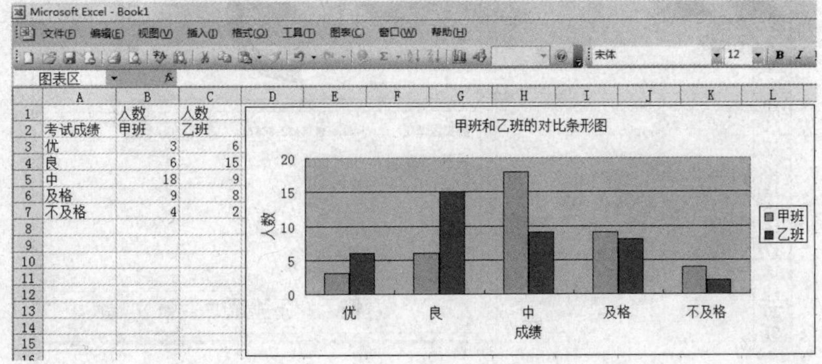

图 1-68

2．用 Excel 做环形图

步骤如下：

（1）在 Excel 工作表中输入相关数据，单击【图表向导】按钮，选择【圆环图】选项并保持【子图表类型】的默认选项，如图 1-69 所示.

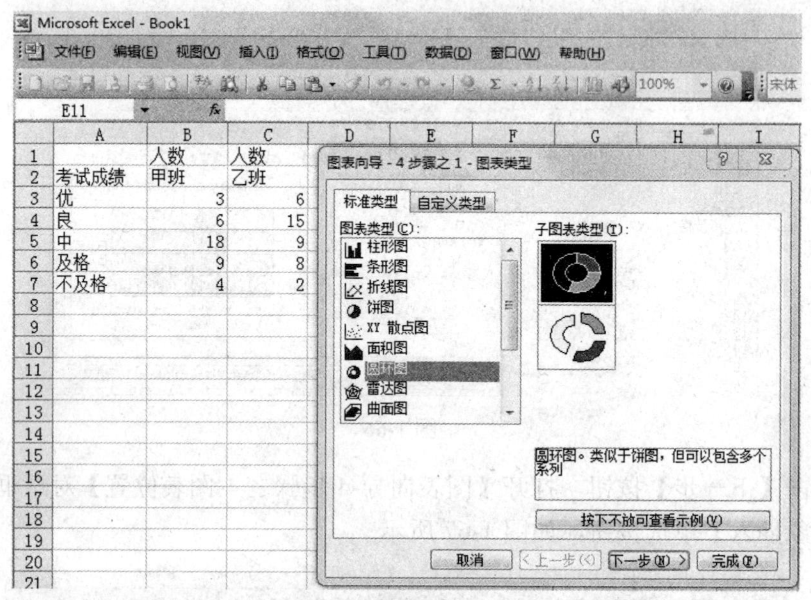

	A	B	C
1		人数	人数
2	考试成绩	甲班	乙班
3	优	3	6
4	良	6	15
5	中	18	9
6	及格	9	8
7	不及格	4	2

图 1-69

（2）单击【下一步】按钮，在【图表向导-4 步骤之 2-图表源数据】对话框的【数据区域】选项卡中，用鼠标在工作表中选择单元格区域“A2:C7”，选中【列】单选按钮，如图 1-70 所示.

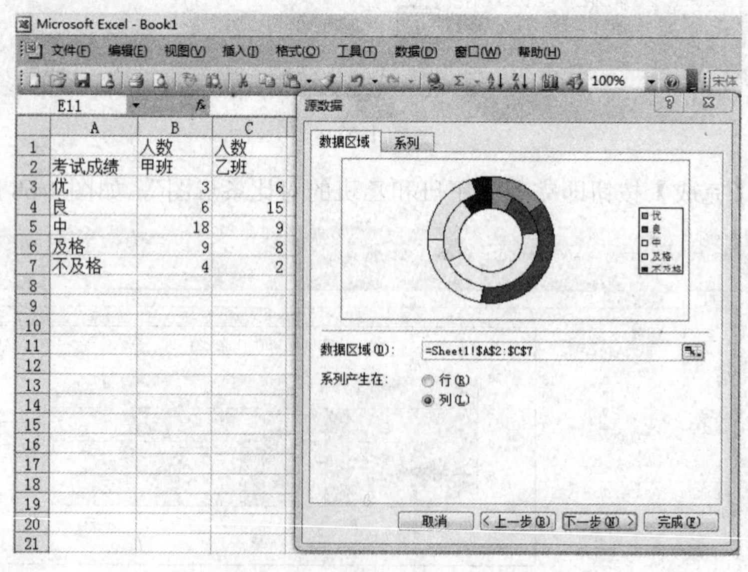

图 1-70

（3）单击【下一步】按钮，在【图表标题】文本框中输入“甲班和乙班成绩的环形图”，如图 1-71 所示.

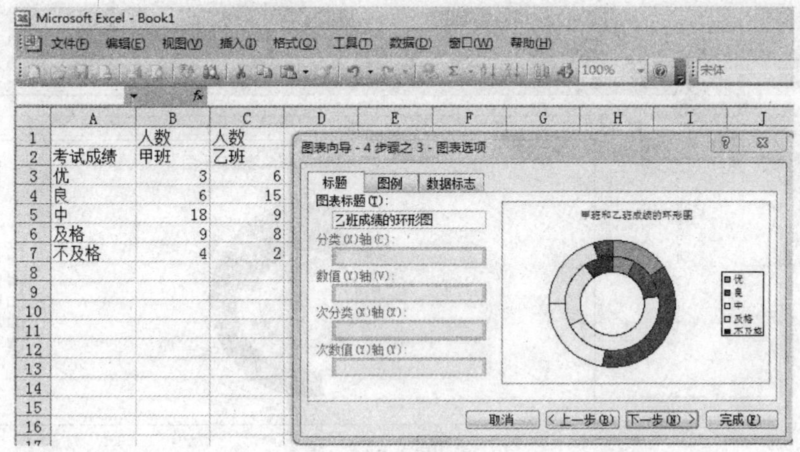

图 1-71

（4）切换到【数据标志】选项卡中，勾选【百分比】复选框，如图 1-72 所示.

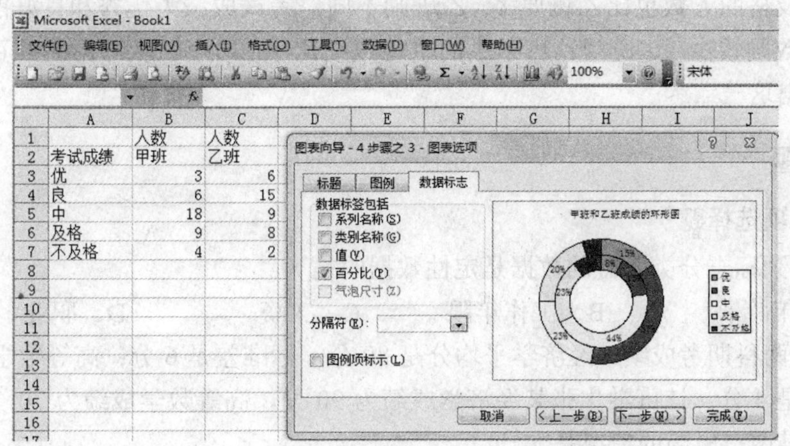

图 1-72

（5）单击【下一步】按钮，选中【作为其中的对象插入】单选按钮，如图 1-73 所示.

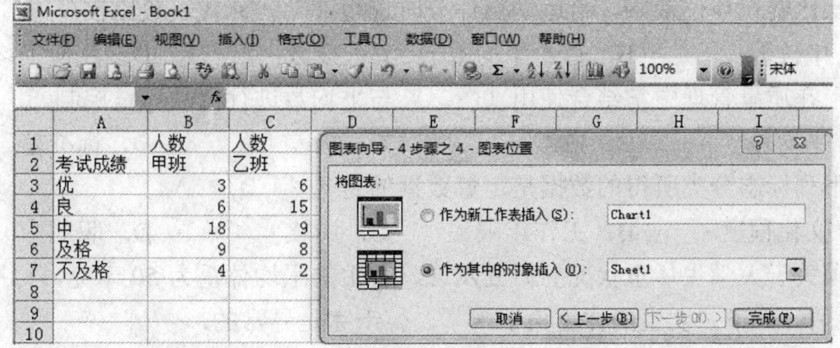

图 1-73

（6）单击【完成】按钮即完成“甲班和乙班成绩的环形图”（内环为甲班的成绩），如图 1-74 所示.

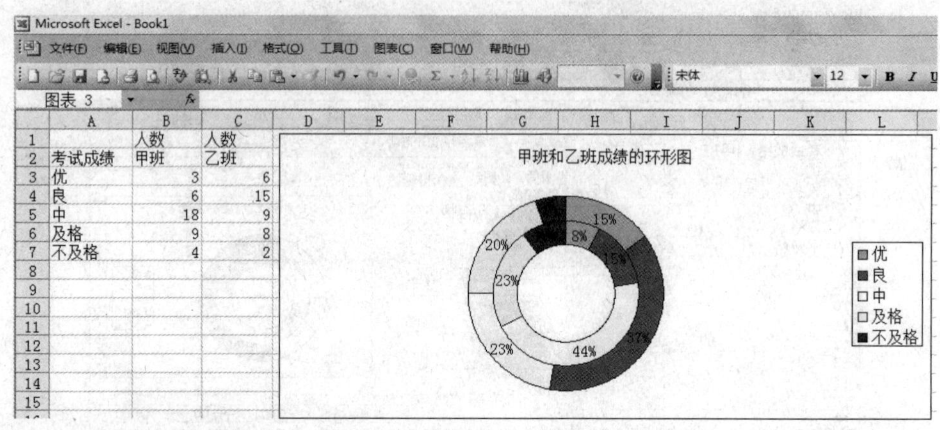

图 1-74

从对比条形图可以看出，甲班考试成绩在中等水平的人数较多，而优秀和良好的人数则较少，不及格的人数也比乙班要多. 乙班则不同，考试成绩为优秀和良好的较多，而中等以下的人数则较少. 这说明乙班学生的平均成绩比甲班要好. 从环形图的百分比中也可以清楚地看出这一点.

六、检测题

（一）单项选择题

1. 按下列标志分类所得的数据是定性数据的是（　　）.

A. 年龄　　B. 工作年限　　C. 工资　　D. 职业

2. 某班两科期考成绩：经济学平均分是 80 分，标准差是 6 分；高等数学平均分是 60 分，标准差是 4 分. 该班学生张某经济学成绩为 90 分，高等数学成绩为 70 分，与平均分数相比，张某两科成绩的情况是（　　）.

A. 经济学成绩较好　　B. 高等数学成绩较好

C. 两科成绩一样　　D. 不能比较

3. 体操比赛设 4 位裁判，给运动员评分时选用（　　）代表数比较公正.

A. 中位数　　B. 算术平均数　　C. 众数　　D. 几何平均数

4. 工厂在质量管理中常结合使用（　　）与平均数进行产品质量控制.

A. 平均差　　B. 方差　　C. 极差　　D. 标准差

5. 按下列标志分类所得的数据是定量数据的是（　　）.

A. 文化程度　　B. 工作年限　　C. 民族　　D. 职业

6. 一项关于大学生体重状况的研究发现，女生的平均体重为 50 千克，标准差为 5 千克. 粗略地估计一下，女生的体重大于（　　）千克是异常的.

A. 55　　B. 60　　C. 65　　D. 70

7．从总体中随机抽取一部分，测定其有关的指标值，这属于（　）数据收集方法．

A．全面观测　　B．抽样观测

C．安排特定试验　　D．数据的间接来源

8．考试成绩分为优、良、中、及格、不及格等，这组考试成绩属于（　）．

A．分类数据　　B．顺序数据　　C．数值型数据　　D．分组数据

9．测度顺序数据的离散程度，通常使用的变异指标是（　）．

A．异众比率　　B．方差　　C．标准差　　D．四分位差

10．报告期水平与前一时期水平之比，表明现象逐期的发展速度是（　）．

A．同比发展速度　　B．环比发展速度

C．定基比发展速度　　D．平均发展速度

11．调查一个班级学生的籍贯，得到的这组数据属于（　）．

A．分类数据　　B．顺序数据　　C．数值型数据　　D．分组数据

12．我区城镇居民家庭人均可支配收入由 2005 年的 8917 元增加到 2010 年 17064 元，则我区城镇居民家庭人均可支配收入在 2005—2010 年的平均增长速度是：

A. $\sqrt[5]{\frac{17064}{8917}}\times 100\% = 113.9\%$　　B. $\sqrt[5]{\frac{17064}{8917}}\times 100\% - 100\% = 13.9\%$

C. $\frac{\frac{17064-8917}{8917}}{5}\times 100\% = 18.3\%$　　D. $\frac{\frac{17064}{8917}}{5}\times 100\% = 38.3\%$

13．某公司有 6 位职员，工资情况为：2000 元有 1 人，1800 元有 1 人，1500 元有 1 人，1200 元有 2 人，1000 元有 1 人．则 6 位职员工资的中位数是（　）．

A．1500 元　　B．1350 元　　C．1450 元　　D．无中位数

14．　最能反映一组数据中等水平的是（　）．

A．算术平均数　　B．中位数　　C．众数　　D．标准分数

15．广西生产总值在 2005—2009 年间各年的增长速度分别为 13.2%、13.6%、15.1%、12.8%、13.9%，则广西生产总值在 2005—2009 年 5 年的平均增长速度是（　）．

A. $\frac{13.2\%+13.6\%+15.1\%+12.8\%+13.9\%}{5}$

B. $\sqrt[5]{13.2\%\times 13.6\%\times 15.1\%\times 12.8\%\times 13.9\%}\times 100\%$

C. $\frac{113.2\%+113.6\%+115.1\%+112.8\%+113.9\%}{5}-100\%$

D. $\sqrt[5]{113.2\%\times 113.6\%\times 115.1\%\times 112.8\%\times 113.9\%}\times 100\% - 100\%$

16．下列指标中，不能用来测度数据的离散程度的指标是（　）．

A．异众比率　　B．方差　　C．四分位差　　D．平均数

17．下列指标不受极端值影响的是（　）．

A．中位数　　B．平均数　　C．方差　　D．标准差

18．下列能用来反映一组数据集中程度的指标是（　　）．

A．极差　　B．标准差　　C．平均差　　D．均值

19．说明现象在较长时间内发展的总速度的指标是（　　）．

A．环比发展速度　　B．定基比发展速度

C．平均发展速度　　D．同比发展速度

20．反映数据 X_i 在一组数据中相对位置的测度值是（　　）．

A．方差　　B．标准差　　C．离散系数　　D．标准分数

21．某单位男职工人数 2007 年为 100 人，到 2012 年发展到 500 人，则男职工人数年平均发展速度是（　　）．

A．$\sqrt[5]{\dfrac{500}{100}}\times 100\% = 138\%$　　B．$\sqrt[5]{\dfrac{500}{100}}\times 100\% - 1 = 38\%$

C．$\dfrac{\dfrac{500-100}{100}}{5}\times 100\% = 80\%$　　D．$\dfrac{\dfrac{500}{100}}{5}\times 100\% = 100\%$

22．全班 30 人所穿鞋子的尺码如表 1-10 所示．

表 1-10

尺码号	33	34	35	36	37
穿该号码的人数	5	6	15	3	1

全班所穿鞋子的尺码众数为（　　）．

A．37　　B．36　　C．35　　D．15

（二）判断题（正确打“√”，错误打“×”）

23．广西生产总值 1978 年是 75.85 亿元，2009 年是 7759.16 亿元，则 1978—2009 年间广西生产总值的平均发展速度为：$\sqrt[32]{7759.16/75.85}\times 100\% = 115.6\%$．（　　）

24．离散系数是测度数据相对位置的变异指标．（　　）

25．中位数是测度分类数据集中趋势的集中指标．（　　）

26．凡是数据都表现为具体的数字．（　　）

27．广西社会消费品零售总额 2008—2010 年 3 年各年的环比发展速度分别为 124.0%，116.5%，119.0%，则平均发展速度为=(124.0%+116.5%+119.0%)/3=119.8%．（　　）

28．大兴公司某种货物去年进货情况如下：4 月 7 日进货 20 件，单价 4 万元；4 月 10 日进货 10 件，单价 4.5 万元；10 月 15 日进货 20 件，单价 3.8 万元．则去年这种货物的平均进价是 4.02 万元/件．（　　）

29．中位数一定能代表一组数据的中等水平．（　　）

30．某地区农村和城市人均收入分别为 1200 元/人和 1700 元/人，标准差分别为 80 元/人和 170 元/人，人均收入的离散程度是农村大．（　　）

31．在变异指标中，全距只受极端值的影响．（　　）

32．任何两个总体比较其平均数的代表性时都可以用标准差指标．（　）

（三）填空题

33．如果数值型数据是在不同时间上取得的，即时间序列数据，则可以绘制________图，以反映事物发展变化的规律和趋势．

34．数值型数据在整理时通常进行分组，在连续变量或离散变量值较多的情况下，一般采用________分组．

35．分类数据和顺序数据说明的是事物的________特征，通常是用文字来表述的，其结果均表现为________，因而也可统称为定性数据或品质数据．

36．饼图是用圆形及圆内扇形面积的大小来表示数值大小的图形，它主要用于表示总体中________，对于研究结构性问题十分有用．

37．数值型数据在整理时通常进行分组，________分组方法一般只适用于离散变量且在变量值较少的情况下使用．

38．________图是用矩形的宽度和高度（即面积）来表示频数分布的图形．

39．数值型数据采用组距分组时，需要遵循"________"的原则，当相邻两组的上下限重叠，统计频数时一般遵循"________"的规定．

（四）分析解答题

40．甲、乙两班经济学的期考成绩：甲班的平均分是60分，标准差是6分；乙班的平均分是80分，标准差是7分．哪个班的成绩波动性较大？为什么？

41．某班50名学生的"数学与管理"课程的期考成绩如表1-11所示，试用Excel计算期考成绩的平均分和标准差，绘制期考成绩的频数分布表、柱形图和线图．

表 1–11

65	82	75	60	90	100	68	78	83	84
51	86	81	72	75	76	94	82	83	86
81	89	76	85	74	79	63	99	56	77
74	77	80	86	95	76	84	68	63	52
84	89	75	80	69	89	88	100	76	86

42．某行业管理局所属40个企业某年的产品销售收入数据（单位：万元）如表1-12所示．按规定，销售收入在125万元以上为先进企业，115～125万元为良好企业，105～115万元为一般企业，105万元以下为落后企业．请按先进企业、良好企业、一般企业、落后企业进行分组，试用Excel绘制该40个企业某年产品销售收入的频数分布表及其条形图．

表 1–12

152	124	129	116	100	103	92	95	127	104
105	119	114	115	87	103	118	142	135	125
117	108	105	110	107	137	120	136	117	108
97	88	123	115	119	138	112	146	113	126

43．某车间工人日产量（件）资料如表 1-13 所示，试用 Excel 按日产量绘制频数分布表并计算其算术平均数、众数和中位数.

表 1-13

27	28	26	30	28	27	27	28	29	29
29	26	26	30	29	27	26	31	29	27
28	29	29	28	28	27	28	30	33	31
27	28	29	29	31	30	29			

44．某批产品的生产要经过四道工序，且要经过四次检验，第一次检验合格率为 95%，第二次检验合格率为 96%，第三次检验合格率为 98%，第四次检验合格率为 99%，求该产品的平均合格率.

七、检测题参考答案

（一）单项选择题

1. D　2. B（提示：标准分数 $Z_i=\dfrac{X_i-\overline{X}}{S}$，$Z_1=\dfrac{90-80}{6}\approx 1.7$，$Z_2=\dfrac{70-60}{4}=2.5>Z_1$.）

3．A　　4．C　　5．B

6．C（提示：在 $(\mu-3\sigma,\mu+3\sigma)$ 之外的数据为异常值或离群点，$(50-3\times5,50+3\times5)=(35,65)$.）

7．B　　8．B　　9．D　　10．B　　11．A

12．B （提示：平均发展速度

$=\sqrt[n]{某指标报告期（最后一年）数值\div该指标基期（最初一年）数值}\times100\%$，

平均增长速度＝平均发展速度−1（或 100%）$=\sqrt[5]{\dfrac{17064}{8917}}\times100\%-100\%=13.9\%$）

13．B　　14．B　　15．D （提示：发展速度=增长速度+1（或 100%），

平均发展速度=$\sqrt[n]{环比发展速度连乘的积}\times100\%$，

平均增长速度=$\sqrt[5]{113.2\%\times113.6\%\times115.1\%\times112.8\%\times113.9\%}\times100\%-100\%$.

16．D　　17．A　　18．D　　19．B　　20．D　　21．A

22．C

（二）判断题（正确打“√”，错误打“×”.）

23．×　　24．×　　25．×　　26．×　　27．×　　28．√

29．×　　30．×　　31．√　　32．×

（三）填空题

33．线（或折线）　34．组距　35．品质 类别　36．各组成部分所占的比例

37．单变量值　38．直方　39．不重不漏 上组限不在内

（四）分析解答题

40．解：甲班成绩的波动性较大．因为甲班成绩的离散系数较乙班大．

甲班 $\bar{X}_1=60$ 分/人，S_1=6 分/人，$v_1=\dfrac{S_1}{\bar{X}_1}=\dfrac{6}{60}=0.1$

乙班 $\bar{X}_2=80$ 分/人，S_2=7 分/人，$v_2=\dfrac{S_2}{\bar{X}_2}=\dfrac{7}{80}=0.087\,5<v_1$

41．解：（1）在 Excel 工作表中输入相关数据，在单元格 B7 中输入公式“＝AVERAGE（B2：K6）”，按 Enter 键求得均值 $\overline{X}=79$ 分；在单元格 B8 中输入公式“＝STDEV（B2：K6）”，按 Enter 键求得标准差 S=11（万元），如图 1-75 所示．

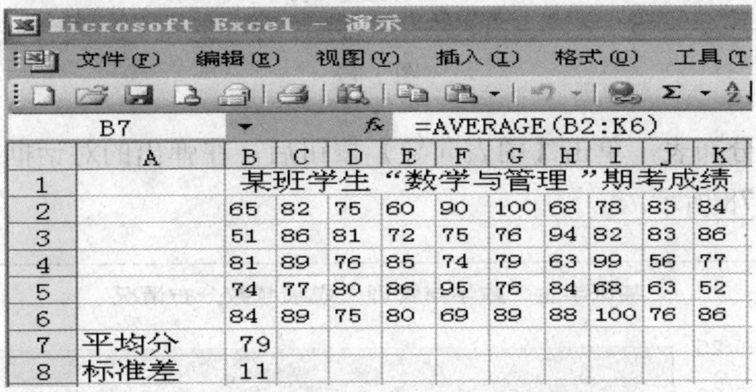

Microsoft Excel - 演示

B7 =AVERAGE(B2:K6)

	A	B	C	D	E	F	G	H	I	J	K
1		某班学生“数学与管理”期考成绩									
2		65	82	75	60	90	100	68	78	83	84
3		51	86	81	72	75	76	94	82	83	86
4		81	89	76	85	74	79	63	99	56	77
5		74	77	80	86	95	76	84	68	63	52
6		84	89	75	80	69	89	88	100	76	86
7	平均分	79									
8	标准差	11									

图 1-75

（2）确定成绩分组及组上限．单击【工具】→【数据分析】→【直方图】→【确定】菜单项，打开【直方图】对话框后，分别在【输入区域】、【接收区域】和【输出区域】框内输入相关内容，单击【确定】按钮，输出频数分布表．对频数分布表进行编辑．计算各组的频率：在单元格 P3 中输入公式“＝(O3/50)*100”，按 Enter 键求得第一组 60 以下的频率＝6%；单击单元格 P3，将鼠标移至单元格 P3 的右下角，当鼠标指针变为十字形状时按下左键拖动到单元格 P7，释放鼠标左键即可得到其他组的频率，如图 1-76 所示．

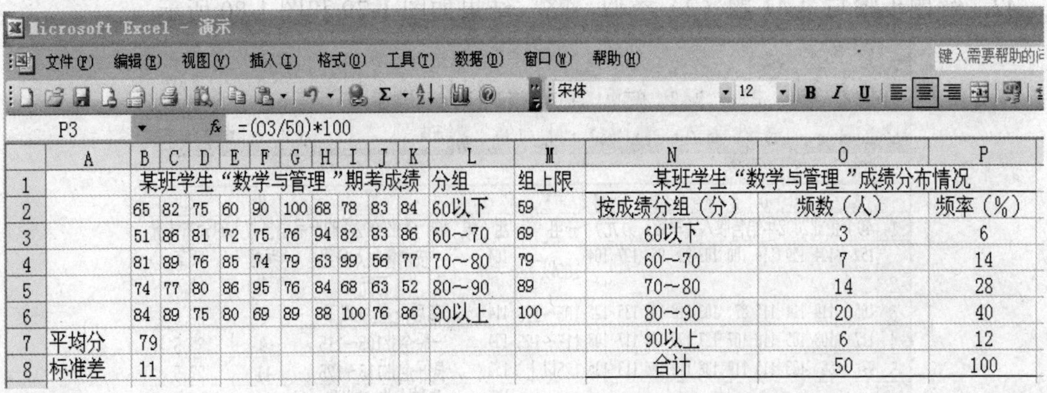

Microsoft Excel - 演示

P3 =(O3/50)*100

	A	B	C	D	E	F	G	H	I	J	K	L	M	N	O	P
1		某班学生“数学与管理”期考成绩										分组	组上限	某班学生“数学与管理”成绩分布情况		
2		65	82	75	60	90	100	68	78	83	84	60以下	59	按成绩分组（分）	频数（人）	频率（%）
3		51	86	81	72	75	76	94	82	83	86	60～70	69	60以下	3	6
4		81	89	76	85	74	79	63	99	56	77	70～80	79	60～70	7	14
5		74	77	80	86	95	76	84	68	63	52	80～90	89	70～80	14	28
6		84	89	75	80	69	89	88	100	76	86	90以上	100	80～90	20	40
7	平均分	79												90以上	6	12
8	标准差	11												合计	50	100

图 1-76

（3）根据频数分布表，单击【图表向导】按钮后，在弹出的对话框中选择【柱形图】，绘制柱形图，如图 1-77 所示.

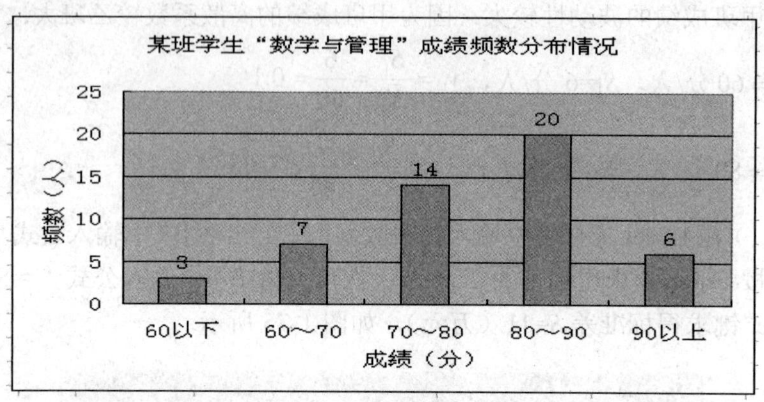

图 1-77

（4）根据频数分布表，单击【图表向导】按钮后，在弹出的对话框中选择【折线图】，绘制线图，如图 1-78 所示.

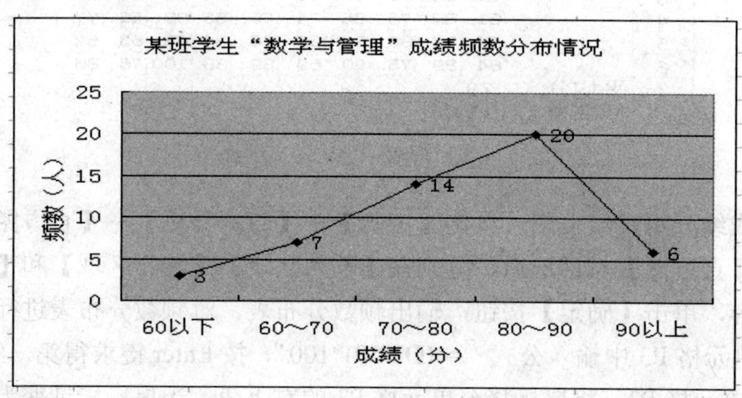

图 1-78

42. 解题步骤与第 41 题（2）类似，略. 结果如图 1-79 和图 1-80 所示.

Microsoft Excel - 演示

文件(F) 编辑(E) 视图(V) 插入(I) 格式(O) 工具(T) 数据(D) 窗口(W) 帮助(H)

Q9

	A	B	C	D	E	F	G	H	I	J	K	L	M	N	O
1	40个企业2002年销售收入（单位：万元）										分组	组上限	40个企业2002年的产品销售收入的分布情况		
2	152	124	129	116	100	103	92	95	127	104	105以下	104	按销售收入分组（万元）	频数（个）	频率（%）
3	105	119	114	115	87	103	118	142	135	125	105～115	114	落后企业105以下	9	22.5
4	117	108	105	110	107	137	120	136	117	108	115～125	124	一般企业105～115	9	22.5
5	97	88	123	115	119	138	112	146	113	126	125以上	152	良好企业115～125	11	27.5
6													先进企业125以上	11	27.5
7													合计	40	100

图 1-79

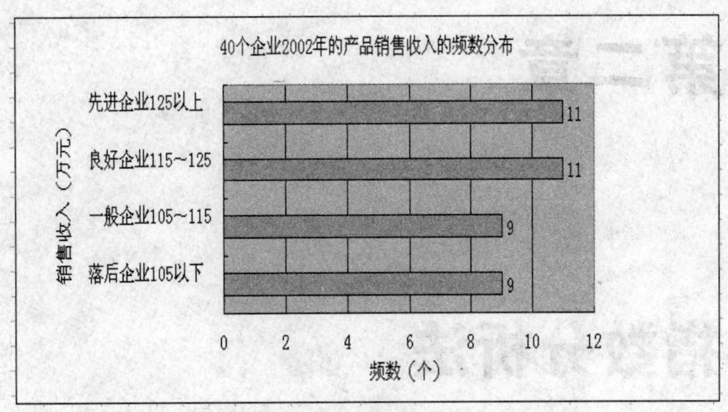

图 1-80

43．解：某车间工人日产量频数分布表，如图 1-81 所示.

Microsoft Excel - 演示

文件(F) 编辑(E) 视图(V) 插入(I) 格式(O) 工具(T) 数据(D) 窗口(W) 帮助(H)

宋体 12

B6　f_x =AVERAGE(B2:K5)

	A	B	C	D	E	F	G	H	I	J	K	L	M	N
1		某车间工人日产量（件）										分组	某车间工人日产量频数分布	
2		27	28	26	30	28	27	27	28	29	29	26	按日产量分组（件）	频数（人）
3		29	26	26	30	29	27	26	31	29	27	27	26	4
4		28	29	29	28	28	27	28	30	33	31	28	27	7
5		27	28	29	29	31	30	29				29	28	8
6	算术平均数	28										30	29	10
7	众数	29										31	30	4
8	中位数	28										33	31	3
9													33	1
10													合计	37

图 1-81

算术平均数：在单元格 B6 中输入公式"＝AVERAGE（B2：K5）"，按 Enter 键求得均值 $\overline{X} = 28$ 件，如图 1-81 所示.

众数和中位数可以根据某车间工人日产量的频数分布取得，或者分别用 MODE 函数和 MEDIAN 函数计算，如图 1-81 和图 1-82 所示.

Microsoft Excel - 演示

文件(F) 编辑(E) 视图(V) 插入(I) 格式(O) 工具(T) 数据(D) 窗口(W) 帮助(H)

宋体 12 B

B6　f_x =AVERAGE(B2:K5)

	A	B	C	D	E	F	G	H	I	J	K
1		某车间工人日产量（件）									
2		27	28	26	30	28	27	27	28	29	29
3		29	26	26	30	29	27	26	31	29	27
4		28	29	29	28	28	27	28	30	33	31
5		27	28	29	29	31	30	29			
6	算术平均数	=AVERAGE(B2:K5)									
7	众数	=MODE(B2:K5)									
8	中位数	=MEDIAN(B2:K5)									

图 1-82

44．解：该产品平均合格率 $= \sqrt[4]{0.95 \times 0.96 \times 0.98 \times 0.99} \times 100\% = 97\%$.

第二章

指数分析法

一、本章主要内容

（一）指数的概念和种类

1．指数的概念

指数分为广义指数和狭义指数．广义指数泛指社会经济现象数量变动的比较指标，即用来表明同类现象在不同空间、不同时间、实际与计划对比变动情况的相对数．狭义指数仅指反映不能直接相加的复杂社会经济现象在数量上综合变动情况的相对数．

2．指数的种类

按照不同的分类标准，指数可以有多种不同的分类．

（1）根据指数计算的范围不同，分为个体指数和总指数

个体指数是指单个现象或单个事物变动的相对数，比如，某一商品的销售量指数或价格指数，都是个体指数．总指数是反映群体现象综合变动的相对数，即通常所说的指数，如各种股指、CPI 指数等．

（2）根据指数反映现象的性质不同，分为质量指数、数量指数

质量指数是用来直接说明现象质量指标变化情况的指数，如价格指数、单位成本指数、平均工资指数、劳动生产率指数等，都是质量指数．数量指数即数量指标指数，它是反映某种现象的规模或数量变动的相对数，如产量指数、销售量指数、进口或出口商品数量指数等，都是数量指数．

（3）根据计算总指数的形式不同，分为综合指数和平均指数

综合指数是指从数量上表明不能直接相加的社会经济现象的总指数．它是由两个总量指标对比形成的指数．具体来说，凡是一个总量指标可以分解为两个或两个以上的因素指标时，将其中一个或一个以上的因素固定下来，仅观察其中一个因素指标变动的程度，这样的总指数都是综合指数．平均指数是指以个体指数为基础，采取平均形式编制的总指数．综合指数和平均数指数是现代统计指数理论中编制总指数的两种主要形式．前者是先综合，再对比，后者是先对比，再综合．

3．指数编制

（1）综合指数

① 同度量因素及其作用．同度量因素亦称“同度量系数”或“指数权数”，是指使若干由于度量单位不同而不能直接相加的指标，过渡到可以加总和比较而使用的媒介因素．在编制综合指数时，同度量因素就是把不能直接相加的要素过渡到能够相加的总体的媒介因素．同度量因素的确定不是随意的，必须依据经济关系式．如要反映多种商品销售量的变动，由于销售量也不能直接相加，要过渡到能够相加的销售额，价格就是销售量指数的同度量因素．同度量因素有同度量的作用和权数的作用．

② 拉氏指数．拉氏指数就是将权数（即同度量因素）固定在基期计算的指数．其数量指数公式和质量指数公式分别为：

$$I_q=\frac{\sum q_1p_0}{\sum q_0p_0}，\quad I_p=\frac{\sum p_1q_0}{\sum p_0q_0}$$

③ 帕氏指数．帕氏指数就是把权数（即同度量因素）固定在报告期计算的指数．其数量指数公式和质量指数公式分别为：

$$I_q=\frac{\sum q_1p_1}{\sum q_0p_1}，\quad I_p=\frac{\sum p_1q_1}{\sum p_0q_1}$$

④ 同度量因素时期的确定．编制综合指数，作为同度量因素的指标应固定在哪个时期，要根据编制指数的具体任务以及指数式的经济内容来定．以经济内容为依据，确定综合指数中的同度量因素所属时期，具有一般意义．同度量因素时期确定的一般方法是：编制数量指标指数时把作为同度量因素的质量指标固定在基期，说明在质量指标保持不变的水平时，数量指标的动态变化；编制质量指标指数时把作为同度量因素的数量指标固定在报告期上，说明在报告期条件下，此指标的变动对现实造成的影响，具有实际意义．

（2）平均指数

它是从个体指数出发来编制总指数，也就是先计算出数量指标或质量指标的个体指数，然后进行加权平均计算，来测定现象的总变动程度．

① 基期总量加权的平均指数（或称加权算术平均指数）．基期总量加权（即加权算术平均）的数量指数和质量指数分别为：

$$I_q=\frac{\sum \frac{q_1}{q_0}p_0q_0}{\sum p_0q_0}，\quad I_p=\frac{\sum \frac{p_1}{p_0}p_0q_0}{\sum p_0q_0}$$

② 报告期总量加权的平均指数（或称加权调和平均指数）．报告期总量加权（即加权调和平均）的数量指数和质量指数分别为：

$$I_q=\frac{\sum p_1q_1}{\sum \frac{1}{q_1/q_0}p_1q_1}，\quad I_p=\frac{\sum p_1q_1}{\sum \frac{1}{p_1/p_0}p_1q_1}$$

③）固定加权的平均指数．我国的居民消费价格指数就是采用固定权数的算术平均形

式计算的. 其计算公式分别为:

数量指标指数 $I_q=\dfrac{\sum\dfrac{q_1}{q_0}\times w}{\sum w}$，质量指标指数: $I_p=\dfrac{\sum\dfrac{p_1}{p_0}\times w}{\sum w}$

（二）几种常见指数

1．居民消费价格指数和零售物价指数

居民消费价格指数（Consumer Price Index）又称生活费用指数，是综合反映各种消费品和生活服务价格的变动程度的重要经济指数，通常简记为 CPI．该指数可以用于分析市场物价的基本动态，调整货币工资以得到实际工资水平等．它是政府制定物价政策和工资政策的重要依据，世界各国都在编制这种指数．我国的消费者价格指数（居民消费价格指数）是采用固定加权算术平均指数方法来编制的．

居民消费价格指数除了能反映城乡居民购买的消费品价格及服务项目价格的变动趋势和程度外,还具有以下几方面的作用.

第一，反映通货膨胀状况.

$$\text{通货膨胀率}=\frac{\text{报告期居民消费价格指数}-\text{基期居民消费价格指数}}{\text{基期居民消费价格指数}}\times 100\%$$

第二，反映货币购买力变动情况.

$$\text{货币购买力指数}=\frac{1}{\text{居民消费价格指数}}\times 100\%$$

第三，反映对职工实际工资的影响.

$$\text{实际工资}=\frac{\text{名义工资}}{\text{居民消费价格指数}}$$

我国的零售物价指数（Retail Price Index）编制程序与居民消费价格指数基本相同，也是采用固定加权算术平均指数公式．不同的是，居民消费价格指数综合反映城乡居民购买各种消费品和生活服务的价格变动情况，零售物价指数则反映城乡市场各种零售商品（不含服务）的价格变动情况．

2．股票价格指数

（1）股票价格指数的含义和种类

股票价格指数（Stock Price Index）是反映某一股票市场上多种股票价格变动趋势的一种相对数，简称股价指数．按照股价指数所涵盖股票数量和类别不同，可以把指数分为综合指数、成份指数和行业指数．

（2）股票价格指数的计算方法

股价价格指数的计算方法有很多，但主要有两种，一种是股价平均法，另一种是指数计算法（我国用帕氏质量指数公式）．

（3）几种主要的股票价格指数

目前，国内外的主要证券交易所都有自己的股票价格指数．常见的有上证综合指数、深成指数、道-琼斯股票价格指数（Dow Jones Index）、标准・普尔股票价格指数（Standard＆Poors Stock Price Index）、NASDAQ（纳斯达克）指数、香港恒生指数、日京225股价指数、英国金融时报指数等．

3．房地产价格指数

房地产价格指数是反映一定时期房地产价格变动程度和趋势的相对数，它是通过百分数的形式来反映房价在不同时期的涨跌幅度．

房地产价格指数所计算的价格指数包括房屋销售价格指数、土地交易价格指数、房屋租赁价格指数和物业管理价格指数．这四套指数的计算方法相似，现在均采用由下到上逐级汇总的方法．

二、目标要求

1．了解指数的意义、性质、作用及分类．

2．理解同度量因素及作用．

3．掌握综合指数的两种主要形式：拉氏指数和帕氏指数，掌握何种情况该用何种指数公式计算．

4．了解平均指数的两种计算形式．

5．了解综合指数与平均指数的关系．

6．理解现实中几种经济指数的意义及计算．

三、重点

综合指数的计算．

四、难点

综合指数的编制．

五、案例选讲

例1　已知三种商品的销售额及个体价格指数的资料如表2-1所示．

表2-1

商品名称	计量单位	实际销售额/万元		个体价格指数/%
		基　期	报 告 期	
A	公斤	135	181	113
B	件	82	99	126
C	双	85	116	107
合计	—	302	396	—

计算：（1）三种商品的销售额总指数；

（2）三种商品的价格总指数；

（3）三种商品的销售量总指数.

解：（1）三种商品的销售额总指数为：$I_{pq}=\dfrac{\sum p_1q_1}{\sum p_0q_0}=\dfrac{396}{302}=131.13\%$；

（2）（分析：价格总指数是质量指数，并且题目没有说明权数（即同度量因素）固定在哪个时期，所以应选 $I_p=\dfrac{\sum p_1q_1}{\sum p_0q_1}$ 或 $I_p=\dfrac{\sum p_1q_1}{\sum\dfrac{1}{p_1/p_0}p_1q_1}$）

三种商品的价格总指数 $I_p=\dfrac{\sum p_1q_1}{\sum\dfrac{1}{p_1/p_0}p_1q_1}=\dfrac{396}{\dfrac{181}{113\%}+\dfrac{99}{126\%}+\dfrac{116}{107\%}}=\dfrac{396}{347}=114.12\%$；

（3）（分析：销售量总指数是数量指数，并且题目没有说明权数（即同度量因素）固定在哪个时期，所以应选 $I_q=\dfrac{\sum q_1p_0}{\sum q_0p_0}$ 或 $I_q=\dfrac{\sum\dfrac{q_1}{q_0}p_0q_0}{\sum p_0q_0}$）

三种商品的销售量总指数为：

$$I_q=\frac{\sum q_1p_0}{\sum q_0p_0}=\frac{\sum\dfrac{1}{p_1/p_0}p_1q_1}{\sum q_0p_0}=\frac{\dfrac{181}{113\%}+\dfrac{99}{126\%}+\dfrac{116}{107\%}}{302}=\frac{347}{302}=114.90\%.$$

例 2　根据表 2-2 中的资料计算某地副食品零售物价指数.

表 2-2

类　别	权　数	价格指数	类　别	权　数	价格指数
豆油	6%	115%	肉类	44%	139%
食盐	2%	108%	水产	14%	120%
鲜菜	20%	101%	调料	5%	95%
干菜	3%	91%	食糖	6%	100%

解：副食品零售物价指数用公式 $I_p=\dfrac{\sum\dfrac{p_1}{p_0}\times w}{\sum w}$ 计算.

因为 $\sum w=6\%+2\%+20\%+3\%+44\%+14\%+5\%+6\%=100\%=1$，

所以，

$$I_p=\frac{\sum\dfrac{p_1}{p_0}\times w}{\sum w}=115\%\times6\%+108\%\times2\%+\cdots+100\%\times6\%=120.70\%.$$

例 3　根据某市楼市 2010 年年度统计，各房型第一季度和第二季度销售量和平均价格指数如表 2-3 所示.

表 2−3

楼 型	销售量（万平方米）		平均价格（元/平方米）	
	第一季度	第二季度	第一季度	第二季度
商品住宅	563.34	607.45	6280	6353
经济适用房	144.40	157.71	3249	3303
存量房	115.30	124.72	2552	2521
二手房	70.48	71.62	3368	3154
商铺写字楼	22.26	20.38	13 881	12 589

问第二季度与第一季度相比，各房型的价格上涨幅度是多少？

解：因为各房型的价格总指数为

$$I_p=\frac{\sum p_1q_1}{\sum p_0q_1}=\frac{6353\times607.45+3303\times157.71+2521\times124.72+3154\times71.62+12\,589\times20.38}{6280\times607.45+3249\times157.71+2552\times124.72+3368\times71.62+13\,881\times20.38}$$

$=100.14\%$,

所以，各房型的价格上涨幅度是 0.14%.

六、检测题

（一）单项选择题

1．考察总体中个别现象或个别项目数量变动的相对数称为（　　）.

A．个体指数　　B．总指数　　C．简单指数　　D．加权指数

2．反映数量指标变动程度的相对数称为（　　）.

A．数量指标指数　B．质量指标指数　C．简单指数　　D．加权指数

3．综合反映多种项目数量变动的相对数称为（　　）.

A．数量指数　　B．质量指数　　C．个体指数　　D．总指数

4．用拉氏指数编制综合指数时（　　）.

A．将权数（即同度量因素）固定在基期

B．将权数（即同度量因素）固定在报告期

C．将权数（即同度量因素）固定在某一时期

D．将权数（即同度量因素）固定在某一有代表性的时期

5．用帕氏指数编制综合指数时（　　）.

A．将权数（即同度量因素）固定在基期

B．将权数（即同度量因素）固定在报告期

C．将权数（即同度量因素）固定在某一时期

D．将权数（即同度量因素）固定在某一有代表性的时期

6．在没有特别说明的情况下，编制数量指数一般是采用（　　）做同度量因素（即

权数).

A. 基期质量指标　　　　B. 报告期质量指标

C. 基期数量指标　　　　D. 报告期数量指标

7. 在没有特别说明的情况下，编制质量指数一般是采用（　　）做同度量因素（即权数).

A. 基期质量指标　　　　B. 报告期质量指标

C. 基期数量指标　　　　D. 报告期数量指标

8. 设 p 表示商品的价格，q 表示商品的销售量，$\frac{\sum p_1 q_1}{\sum p_0 q_1}$ 说明了（　　）.

A. 在基期销售量条件下，价格综合变动的程度

B. 在报告期销售量条件下，价格综合变动的程度

C. 在基期价格水平下，销售量综合变动的程度

D. 在报告期价格水平下，销售量综合变动的程度

9. 某百货公司今年同去年相比，各种商品的价格综合指数为 105%，这说明（　　）.

A. 商品价格平均上涨了 5%　　　　B. 商品销售量平均上涨了 5%

C. 价格提高使销售量上涨了 5%　　　　D. 价格提高使销售量下降了 5%

10. 居民消费价格指数反映了（　　）.

A. 城乡商品零售价格的变动趋势和程度

B. 城乡居民购买生活消费品价格的变动趋势和程度

C. 城乡居民购买服务项目价格的变动趋势和程度

D. 城乡居民购买生活消费品和服务项目价格的变动趋势和程度

（二）分析解答题

1. 某企业三种商品的销售额及个体销售量指数的资料如表 2-4 所示.

表 2-4

商品名称	计量单位	实际销售额/万元		个体销售量指数/%
		基　期	报　告　期	
A	公斤	12	9	101.10
B	件	15	13	102.30
C	双	10	10	101.90
合计	—	37	32	—

计算：（1）三种商品的销售额总指数；

（2）三种商品的价格总指数；

（3）三种商品的销售量总指数.

2. 根据某市楼市 2010 年年度统计，各房型第一季度和第二季度销售量和平均价格指数如表 2-5 所示.

表 2-5

楼　　型	销售量（万平方米）		平均价格（元/平方米）	
	第一季度	第二季度	第一季度	第二季度
商品住宅	563.34	607.45	6280	6353
经济适用房	144.40	157.71	3249	3303
存量房	115.30	124.72	2552	2521
二手房	70.48	71.62	3368	3154
商铺写字楼	22.26	20.38	13 881	12 589

问第二季度与第一季度相比，各房型的销售量上涨幅度是多少？

七、检测题参考答案

（一）单项选择题

1. A　2. A　3. D　4. A　5. B　6. A　7. D　8. B　9. A　10. D

（二）分析解答题

1．解：（1）三种商品的销售额总指数为

$$I_{pq}=\frac{\sum p_1q_1}{\sum p_0q_0}=\frac{32}{37}=86.49\%\text{；}$$

（2）三种商品的价格总指数为

$$I_p=\frac{\sum p_1q_1}{\sum p_0q_1}=\frac{\sum p_1q_1}{\sum p_0q_0\times\dfrac{q_1}{q_0}}=\frac{32}{12\times101.10\%+15\times102.30\%+10\times101.90\%}=84.96\%\text{；}$$

（3）三种商品的销售量总指数为

$$I_q=\frac{\sum q_1p_0}{\sum q_0p_0}=\frac{\sum p_0q_0\times\dfrac{q_1}{q_0}}{\sum q_0p_0}=\frac{12\times101.1\%+15\times102.3\%+10\times101.9\%}{37}=101.80\%.$$

2．解：因为各房型的销售量总指数为

$$I_q=\frac{\sum p_0q_1}{\sum p_0q_0}=\frac{6280\times607.45+3249\times157.71+2552\times124.72+3368\times71.62+13\,881\times20.38}{6280\times563.34+3249\times144.40+2552\times115.20+3368\times70.48+13\,881\times22.26}$$

$$=106.78\%.$$

所以，各房型的销售量上涨幅度是 6.78%.

第三章

最优化方法

一、本章主要内容

本章介绍管理中的最优化方法. 最大化地赢利是管理的终极目标，所以在管理中，我们如何以最低的成本做最有效的工作，这就需要用到最优化方法. 管理中的最优化方法有优选法（重点介绍 0.618 法）、正交试验法、线性规划方法、优化决策的图论方法等.

最优化方法（也称运筹学方法）是近几十年形成的，它主要运用数学方法研究各种系统的优化途径及方案，为决策者提供科学决策的依据.

最优化方法的主要研究对象是各种有组织系统的管理问题及生产经营活动，其目的在于针对所研究的系统，求得一个合理运用人力、物力和财力的最佳方案，发挥和提高系统的效能及效益，最终达到系统的最优化目标.

最优化方法分为两类：一类是直接最优化方法（试验最优化法）. 对于研究对象很难用数学形式来表达，或者表达式很复杂，只能直接通过试验，根据试验结果的比较求得最优解，就是直接最优化方法，如优选法，正交试验法；另一类是间接最优化方法（解析最优化法），就是要求把所研究的对象用数学方程描述出来，然后再用数学解析方法求出其最优解，如线性规划方法.

（一）黄金分割法

黄金分割法又称 0.618 法，是一种将线段分割成具有美感比例的方法，是以黄金分割和对称原则来选取试验点的一种优选法.

0.618 法用华罗庚教授的话解释概括为：一个原则一个数，两个公式要记住. 前个公式用一遍，后个公式反复用.

C_1=(大−小)×0.618+小(黄金分割)

C_2=小+大−中“加两头，减中间”(对称原则)

（二）正交试验法

正交试验法是利用正交表来安排试验，并进行计算和分析多因素试验问题，寻求最优水平组合的一种高效率试验设计方法.

正交试验法有如下特点：（1）均衡分散性；（2）整齐可比性.

正交试验法的设计思想：利用正交表来安排多因素试验，从多因素试验的全部水平组合中挑选部分有代表性的水平组合进行试验，用部分试验来代替全面试验，通过对部分试验结果的分析，了解全面试验的情况找出最优水平组合.

正交试验法的一般步骤如下：

（1）明确试验目的，确定试验指标；

（2）选因素和位级；

（3）选用正交表；

（4）确定试验方案；

（5）对试验结果进行计算和分析，确定最优方案；

（6）画趋势图，展望下一步试验方向.

其中，第（4）步根据选用的正交表，遵循“因素顺序上列”，“位级对号入座”原则，安排试验方案，测定试验结果，并准确记录.

第（5）步，确定最优方案有以下两种方法.

① 直接看（直接分析法）：直接比较试验指标，指标最好者，为好条件.

② 算一算（极差分析法）：算因素同位级指标和 K 值，区别位级优劣，好位级的组合，就是算一算的好条件；算因素位级的极差 R，确定因素的主次关系.

（三）线性规划方法

线性规划方法研究的问题主要包括两个方面：一是在一项任务确定后，如何以最低成本（如人力、物力、资金和时间等）去完成这一任务；二是如何在现有资源条件下进行组织和安排，以产生最大收益.

线性规划方法不仅是一种数学理论和方法，而且成为现代化管理的重要手段，是帮助管理者与经营者作出科学决策的有效的数学技术.

这部分要重点解决以下 3 个问题.

1．什么是线性规划问题

求一组变量非负值，满足由变量的线性方程式或线性不等式构成的约束条件，且使作为变量线性函数的目标函数取值最大或最小. 这样的问题称为线性规划问题.

2．如何建立线性规划问题的数学模型

（1）弄清题意，确定决策变量 x_j；

（2）确定目标函数 S，写出数学表达式；

（3）确定决策变量必须满足的约束条件（s.t.）.

3．线性规划问题的 Mathematica 解法

Mathematica 程序中有许多自带的函数，它的表示方法与常见的表示方法不同. Mathematica 程序中的一些常用函数表示如下：

Exp[x] —— 求 e^x；

Abs[x] —— 数 x 的绝对值 $|x|$；

Log[x] ——求以 e 为底的 x 的对数 lnx；

Log[*a*,x] ——求以 *a* 为底的 *x* 的对数；

Sin[x]、Cos[x]、 Tan[x]、Cot[x]、Sec[x]、Csc[x] ——*x* 的正弦、余弦、正切、余切、正割、余割（*x* 为弧度）；

ArcSin[x]—— *x* 的反正弦.

注意：第一个字母大写，变量 x 用中括号括住.

用 Mathematica 解线性规划问题的函数为：

① Maximize[目标函数，{约束条件}，{决策变量}]；

② Minimize[目标函数，{约束条件}，{决策变量}].

（四）优化决策的图论方法

现实生活中的许多问题都可以用图来表示，例如铁路网、公路网、电话网、有线电视网、人际关系网等.

将优化与决策中的实际问题用一个图表示，通过研究图的性质并设计优化的算法来解决这些问题，这就是优化决策的图论方法.

1．最小连接问题

图论中用求最小支撑树的方法解决的问题也称为最小连接问题.

（1）最小支撑树（最小树）定义

在给定的连通赋权图中，权最小的支撑树称为最小树.

一个图是支撑树的成立条件：第一，无圈；第二，连通；第三，是支撑支子图（点一样边可少的子图），且三条件同时成立.

（2）求最小树的算法

① 破圈法：去大边，保证图仍然连通；

② 避圈法：添小边，保证避开圈.

2．最优路线问题

一般来说，从给定的网络图中找出任意两点之间距离最短的一条路，就是所谓的最优路线问题，或称最短路问题. 解决这一问题的算法主要有 Dijkstra 算法.

Dijkstra 算法的基本思路：逐点求最短路. 即从起点开始逐点寻找到邻近点的最短路，直到将最短路延伸到指定终点为止，就自然找到从起点到终点的最短路；同时也找到从起点到各点的最短路.

（五）层次分析法

层次分析法（AHP）是对一些较为复杂、较为模糊的问题作出决策的一种分析方法，其基本原理是排序的原理，即最终将各方法（或措施）排出优劣次序，作为决策的依据，层次分析法的一般步骤如下.

1．建立层次结构模型

在确定决策目标后，对影响目标决策的因素进行分类，建立多层次结构模型.

AHP 要求的层次结构一般由以下三个层次组成.

（1）目标层（最高层）：指问题的预定目标、要解决的问题；目标要求唯一，即决策目标层只有一个元素；

（2）准则层（中间层）：指影响目标实现的准则（因素）；准则层可能不只一层，当有多层时，上下层的隶属关系应该是明显的.

（3）措施层（最低层）：指促使目标实现的措施（方案）、备选方案；为了达到目标、在上述准则下，有哪些最终解决方案（措施），并将它们作为措施层因素，放在递阶层次结构的最下面（最低层）.

明确各个层次的因素及位置，并将它们之间的关系用连线连接起来，就构成了递阶层次结构.

2．构造成对比矩阵（判断矩阵），求权向量

（1）成对比矩阵的构造

设某一层 n 个因素 $C_1,C_2,\cdots,C_n$ 对上一层一个因素的成对比矩阵为 $\boldsymbol{A}$，$\boldsymbol{A}=(a_{ij})_{n\times n}$，其中 a_{ij} 的取值由填写人（如专家）根据重要性标度含义表来决定.

（2）求权向量

求权向量就是求构成一个成对比矩阵 $\boldsymbol{A}$ 的各因素针对其准则的相对权重，也叫层次单排序. 最常用的方法是和法，具体如下：

$$\text{成对比阵}A\xrightarrow{\text{按列归一化}}B\xrightarrow{\text{按行求和}}C\xrightarrow{\text{归一化}}w^{(2)}$$

3．一致性检验

检验成对比矩阵一致性的步骤如下.

（1）计算一致性指标 $CI=\dfrac{\lambda-n}{n-1}$，其中 $\lambda=\dfrac{1}{n}\sum\limits_{i=1}^{n}\dfrac{(Aw^{(2)})_i}{w_i^{(2)}}$.

（2）查平均随机一致性指标 RI 表确定相应的平均随机一致性指标 RI.

（3）计算一致性比例 $CR=\dfrac{CI}{RI}$ 并进行判断.

如果 $CR<0.1$，则成对比矩阵的不一致程度在容许范围之内. 若 $CR>0.1$，则成对比较阵须加以调整.

4．求组合权向量及决策

求组合权向量也称为求层次总排序，即计算最下层对最上层总排序的权向量.

二、目标要求

1．了解最优化方法，掌握 0.618 法的操作步骤，会确定试验点. 了解 0.618 在股票投资中的应用.

2．掌握正交试验法的思想方法，理解均衡分散性和整齐可比性. 能识别正交表，会把正交表转化为试验方案. 对正交试验的结果会进行简单的分析，选择最优水平组合.

3．了解线性规划问题及模型，了解线性规划方法在经济管理中的应用，能建立简单的线性规划模型，会用 Mathematica 软件解线性规划问题.

4．了解图论方法的基本概念，掌握最小连接问题及最小树的求法，掌握最短路问题及Dijkstra 算法.

5．了解层次分析法的思想方法，能用层次分析法解决一些决策问题.

三、重点

1．掌握 0.618 法的操作步骤，会确定试验点.

2．能识别正交表，会把正交表转化为试验方案. 对正交试验的结果会进行简单的分析，选择最优水平组合.

3．会建立线性规划模型及用 Mathematica 软件求解.

4．掌握最小树的求法及 Dijkstra 算法.

四、难点

1．0.618 法的操作步骤.

2．对正交试验的结果会进行简单的分析，选择最优水平组合.

3．线性规划模型的建立.

4．最短路问题的 Dijkstra 算法.

5．层次分析法.

五、案例选讲

例 1 某炼钢厂车间要炼一种特种钢，用某种化学元素来加强其强度，太少不好，太多也不好. 例如，碳太多了成了生铁，碳太少了成为熟铁，都成不了钢，每吨要加多少碳才能达到强度最高？假定已经估计出（或从理论上算出）每吨的加碳量在 1000 克到 2000 克之间.如何又好又快地找到最适当的加碳量？

分析：此问题影响试验结果（即钢的强度）的因素只有一个——加碳量. 使用单因素优选法，要以尽可能少的试验次数找到最优的加碳量. 采用 0.618 法进行优选，如图 3-1 所示.

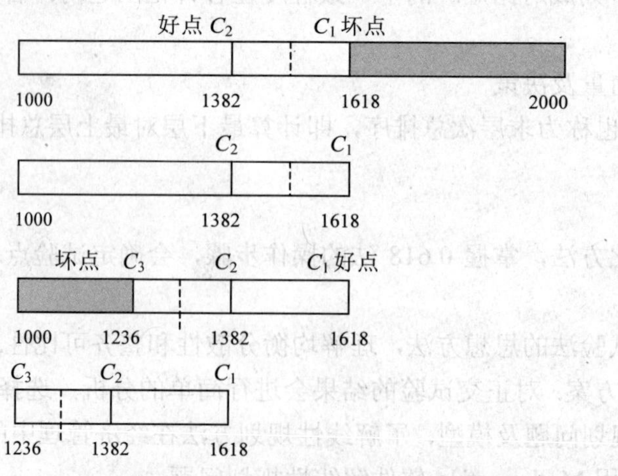

图 3-1

步骤：

（1）确定试验范围［1000，2000］.

（2）确定第一个试验点 C_1，

$$C_1 = (2000-1000)\times 0.618 + 1000 = 1618,$$

试验，记下结果.

（3）确定第二个试验点 C_2，

$$C_2 = 1000 + 2000 - 1618 = 1382,$$

试验，记下结果.

（4）比较两次试验结果的优劣，确定好点、坏点，沿坏点将纸条剪断，去掉短段，得到优选范围.

（5）若好点效果达到要求，优选结束，否则重复第 3、4 步，直至找到最佳点为止.

例 2　某工业产品的产量受到温度 A、反应时间 B 和催化剂浓度 C 三个因素的影响. 在具体生产过程中，根据经验，温度、反应时间及催化剂浓度分别可以取两个水平.

温度：A_1=80℃，A_2=90℃；

反应时间：B_1=1h，B_2=2h；

催化剂浓度：C_1=5%，C_2=6%.

现要在上述情况下采用正交试验找出产量最佳的因素水平组合方案，并分析影响结果的主次因素.

正交试验步骤：

（1）明确试验目的，确定试验指标

（2）选因素和位级

（3）选用正交表

选用 $L_4(2^3)$正交表，如表 3-1 所示.

表 3-1

试验号＼列号	1	2	3
1	1	1	1
2	1	2	2
3	2	1	2
4	2	2	1

（4）确定试验方案

① 因素顺序上列.

② 位级对号入座.

③ 列出试验条件.

④ 按照方案中规定的每号条件，严格操作，并准确记录各号试验的结果.

（5）试验结果分析，确定最优方案，如表 3-2 所示.

表 3-2

试验号 \ 列号	A 温度/℃	B 反应时间/h	C 催化剂浓度	产量
1	1(80)	1(1)	1(5%)	17
2	1	2(2)	2(6%)	13
3	2(90)	1	2	19
4	2	2	1	10
K_1	30	36	27	
K_2	29	23	32	
R	1	13	5	

1）直接看 $A_2B_1C_2$ 为直接看的好条件.

2）算一算.

① 计算 K 确定好位级，得算一算的好条件为 $A_1B_1C_2$.

② 计算极差 R 确定因素主次关系.

因为 $R_B>R_C>R_A$，得因素的主次关系：B 反应时间，C 催化剂浓度，A 温度.

3）确定最优条件.

对直接看的好条件、算一算的好条件进行 2～4 次重复试验，从中找出最优方案.

（6）画趋势图，展望下一步试验方向.

位级和指标的关系图称为趋势图. 其作法是以每个因素的实际用量（而不是位级号码的大小）为横坐标，试验结果之和（指标）为纵坐标，描出各点，用折线连接起来，就可得出趋势图.

例 3 假定一个成年人每天需要从食物中获得 3000KJ 的热量、55g 的蛋白质和 800mg 的钙. 如果市场上只有四种食品可供选择，它们每千克所含的热量和营养成分和市场价格见表 3-3. 问如何选择才能在满足营养的前提下，使购买食品的费用最小？

表 3-3

序 号	食品（千克）	热量（kJ）	蛋白质（g）	钙（mg）	价格（元）
1	猪肉	1000	50	400	14
2	鸡蛋	800	60	200	6
3	大米	900	20	300	3
4	白菜	200	10	500	2

建立数学模型步骤如下：

（1）弄清题意，确定决策变量 x_j;

（2）确定目标函数 S，写出数学表达式；

（3）确定决策变量必须满足的约束条件（s.t.).

解： 设 x_j 为第 j 种食品每天的购入量，则配餐问题的数学模型为

$\min S = 14x_1 + 6x_2 + 3x_3 + 2x_4$;

$$\text{s.t.}\begin{cases}1000x_1+800x_2+900x_3+200x_4\geqslant 3000,\\50x_1+60x_2+20x_3+10x_4\geqslant 55,\\400x_1+200x_2+300x_3+500x_4\geqslant 800,\\x_1,x_2,x_3,x_4\geqslant 0.\end{cases}$$

例 4 某工厂要做 100 套专用钢架，每套钢架需要长 2.8m 和 1.5m 的圆钢各一根，长 2.2m 的圆钢两根. 已知原料每根长 6m，问应如何切割，才能使所用原料最少？

解：用 6m 长的圆钢裁成 2.8m，2.2m 和 1.5m 的圆钢，所有的切割方案（或称下料方案）如表 3-4.

表 3-4 下料方案表

方案 / 毛坯（m）	方案 1	方案 2	方案 3	方案 4	方案 5	方案 6
2.8	2	1	1	0	0	0
2.2	0	1	0	2	1	0
1.5	0	0	2	1	2	4
剩余料头	0.4	1	0.2	0.1	0.8	0

设第 i 种下料方案的原材料根数为 $x_i(i=1,2,\cdots,6)$，则问题的数学模型为

$$\min S=x_1+x_2+x_3+x_4+x_5+x_6;$$

$$\text{s.t.}\begin{cases}2x_1+x_2+x_3\geqslant 100,\\x_2+2x_4+x_5\geqslant 200,\\2x_3+x_4+2x_5+4x_6\geqslant 100,\\x_1,x_2,x_3,x_4,x_5,x_6\geqslant 0.\end{cases}$$

在 Mathematica 程序中输入

Minimize[$x_1+x_2+x_3+x_4+x_5+x_6$, {$2x_1+x_2+x_3\geqslant 100$, $x_2+2x_4+x_5\geqslant 200$, $2x_3+x_4+2x_5+4x_6\geqslant 100$, $x_1\geqslant 0$, $x_2\geqslant 0$, $x_3\geqslant 0$, $x_4\geqslant 0$, $x_5\geqslant 0$, $x_6\geqslant 0$},{ x_1,x_2,x_3,x_4,x_5,x_6}],

按 Shift+Enter 键，界面上会出现

$$\{150,\{x_1\to 50,x_2\to 0,x_3\to 0,x_4\to 100,x_5\to 0,x_6\to 0\}\},$$

即所用材料最少 150 根，各种圆钢数正好符合要求.

例 5 图 3-2 表示 5 个村庄的线路图，每边旁的数字表示村庄之间线路的长度，现要求沿线路架设有线电视线，不仅使每个村庄都能收看有线电视，而且使电视线总长度最短.

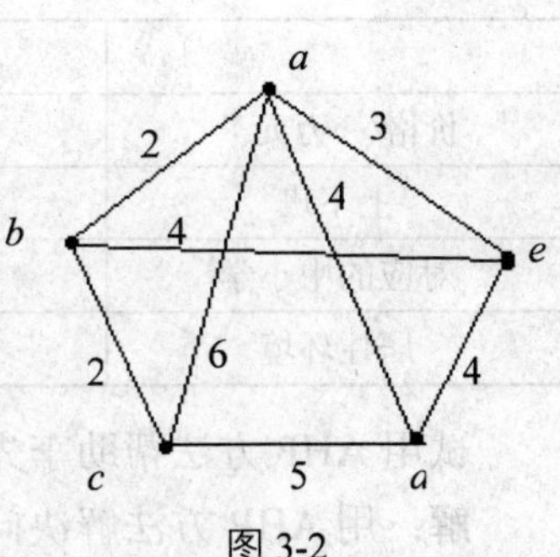

图 3-2

解：问题就是要求图 3-2 的最小树. 由含有 n 个顶点的树有 $n-1$ 条边，这里要求的最小树有 4 条边.

（1）用破圈法求最小树

去大边，保证图仍然连通，即在图 3-2 中逐步去掉权最大的一条边，去边的过程中不能破坏图的连通性，直到剩下

4 条边为止，则得最小树，如图 3-3 所示.

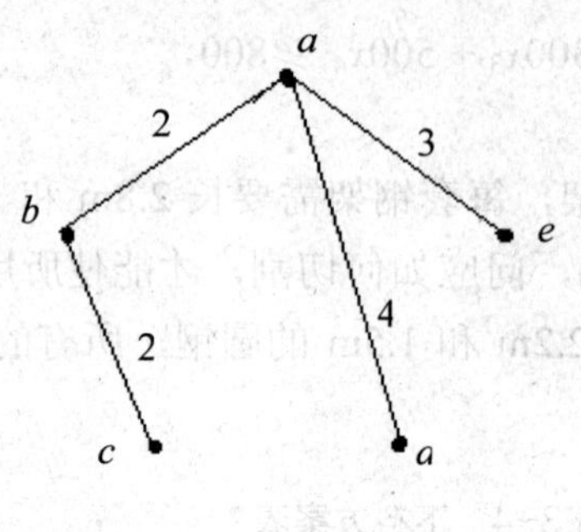

图 3-3

（2）用避圈法求最小树

添小边，保证避开圈，即逐步添上图 3-2 中权最小的一条边，在添边的过程中保证不出现圈，直到添上 4 条边为止，则得最小树，如图 3-4 所示.

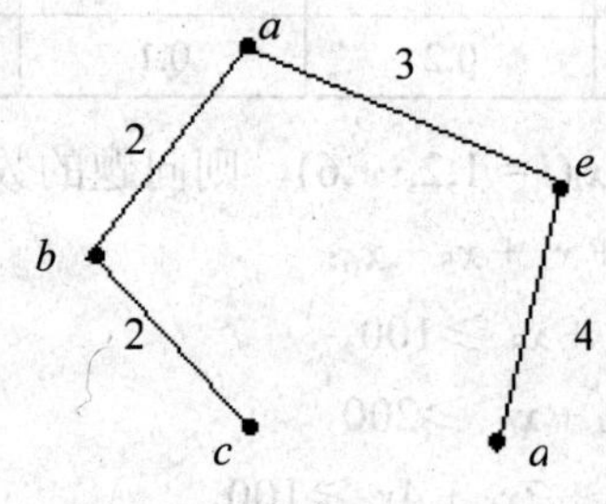

图 3-4

注：最小树不唯一.

例 6 李先生需要购买一套住房，他考虑的主要因素有：价格适中，上下班较方便，小区对应的中小学较好，居住环境相对较好. 经房地产中介商介绍，他初步选择了甲、乙、丙三套住房，情况如表 3-5 所示.

表 3-5

	甲	乙	丙
价格/（万元）	58	50	43
上下班	不太方便	较方便	方便
对应的中小学	名校	较好	一般
居住环境	较好	好	稍差

试用 AHP 方法帮助李先生选择一套尽可能满意的住房.

解：用 AHP 方法解决问题的步骤如下.

（1）构建问题的层次分析模型（如图 3-5 所示）

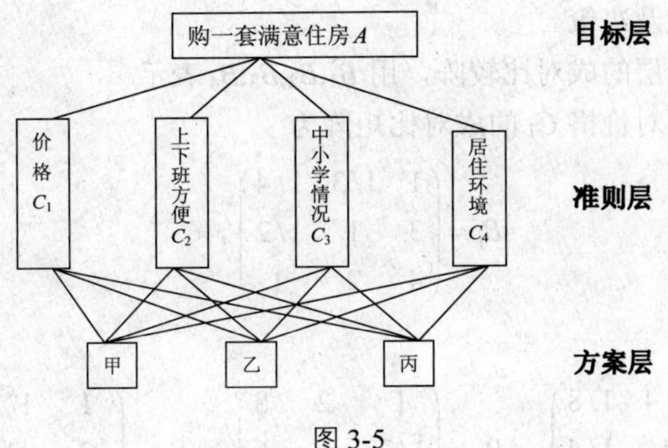

图 3-5

（2）构造准则层对目标层的成对比较阵，求权向量，并进行一致性检验成对比验阵为：

目　标	C_1	C_2	C_3	C_4
C_1	1	4	2	2
C_2	1/4	1	1/2	1/2
C_3	1/2	2	1	1
C_4	1/2	2	1	1

求权向量：

$$A=\begin{pmatrix}1 & 4 & 2 & 2\\ 1/4 & 1 & 1/2 & 1/2\\ 1/2 & 2 & 1 & 1\\ 1/2 & 2 & 1 & 1\end{pmatrix}\xrightarrow{\text{列归一化}}\begin{pmatrix}4/9 & 4/9 & 4/9 & 4/9\\ 1/9 & 1/9 & 1/9 & 1/9\\ 2/9 & 2/9 & 2/9 & 2/9\\ 2/9 & 2/9 & 2/9 & 2/9\end{pmatrix}\xrightarrow{\text{行和}}\begin{pmatrix}16/9\\ 4/9\\ 8/9\\ 8/9\end{pmatrix}\xrightarrow{\text{归一化}}\begin{pmatrix}4/9\\ 1/9\\ 2/9\\ 2/9\end{pmatrix}$$

$=w^{(2)}$.

一致性检验：

$$Aw^{(2)}=\begin{pmatrix}1 & 4 & 2 & 2\\ 1/4 & 1 & 1/2 & 1/2\\ 1/2 & 2 & 1 & 1\\ 1/2 & 2 & 1 & 1\end{pmatrix}\begin{pmatrix}4/9\\ 1/9\\ 2/9\\ 2/9\end{pmatrix}=\begin{pmatrix}16/9\\ 4/9\\ 8/9\\ 8/9\end{pmatrix},$$

$$\lambda=\frac{1}{n}\sum_{i=1}^{n}\frac{(Aw^{(2)})_i}{w_i^{(2)}}=\frac{1}{4}\left(\frac{16/9}{4/9}+\frac{4/9}{1/9}+\frac{8/9}{2/9}+\frac{8/9}{2/9}\right)=4.0$$

$$CI=\frac{\lambda-n}{n-1}=\frac{4.0-4}{3}=0.0,$$

查表得 $RI^{(2)}=0.89$，因此 $CR=\dfrac{CI}{RI}=0<0.1$，

故 A 的不一致性在容许范围内，从而接受 $w^{(2)}=\left(\dfrac{4}{9}\quad\dfrac{1}{9}\quad\dfrac{2}{9}\quad\dfrac{2}{9}\right)^{\mathrm{T}}$.

（3）求组合权向量及决策

构造第三层对第二层的成对比较阵，用 B_1,B_2,B_3,B_4 表示.

三套房甲、乙、丙对价格 C_1 的成对比矩阵为

$$B_1=\begin{pmatrix}1 & 1/3 & 1/4\\ 3 & 1 & 1/2\\ 4 & 2 & 1\end{pmatrix},$$

同样

$$B_2=\begin{pmatrix}1 & 1/4 & 1/8\\ 4 & 1 & 1/4\\ 8 & 4 & 1\end{pmatrix},\quad B_3=\begin{pmatrix}1 & 2 & 8\\ 1/2 & 1 & 6\\ 1/8 & 1/6 & 1\end{pmatrix},\quad B_4=\begin{pmatrix}1 & 1/3 & 5\\ 3 & 1 & 7\\ 1/5 & 1/7 & 1\end{pmatrix},$$

对 B_1,B_2,B_3,B_4 进行一致性检验.

以 B_1 为例：

$$B_1\xrightarrow{\text{按列归一化}}\begin{pmatrix}0.125 & 0.1 & 0.143\\ 0.375 & 0.3 & 0.286\\ 0.5 & 0.6 & 0.571\end{pmatrix}\xrightarrow{\text{行求和}}\begin{pmatrix}0.368\\ 0.961\\ 1.671\end{pmatrix}\xrightarrow{\text{归一化}}\begin{pmatrix}0.123\\ 0.320\\ 0.557\end{pmatrix}=w_1^{(3)},$$

$$B_1w_1^{(3)}=\begin{pmatrix}1 & 1/3 & 1/4\\ 3 & 1 & 1/2\\ 4 & 2 & 1\end{pmatrix}\begin{pmatrix}0.123\\ 0.320\\ 0.557\end{pmatrix}=\begin{pmatrix}0.369\\ 0.978\\ 1.689\end{pmatrix},$$

$$\lambda_1=\frac{1}{3}\left(\frac{0.369}{0.123}+\frac{0.978}{0.320}+\frac{1.689}{0.557}\right)=3.029,$$

$$CI_1=\frac{\lambda_1-n}{n-1}=\frac{3.029-3}{2}=0.0145,$$

$$CR_1=\frac{CI_1}{RI_1}=\frac{0.0145}{0.52}=0.028<0.1.$$

经计算，所得结果如表 3-6 所示.

表 3-6

k	价格	上下班方便	中小学情况	居住环境
$w^{(2)}$	0.444	0.111	0.222	0.222
$w_k^{(3)}$	0.123	0.072	0.593	0.283
	0.320	0.227	0.341	0.643
	0.557	0.701	0.066	0.074
λ_k	3.029	3.052	3.019	3.063
CI_k	0.0145	0.026	0.001	0.032
RI_k	0.52			
CR_k	0.028	0.05	0.002	0.062
	<0.1，通过			

求组合权向量：各准则 C_k 对目标 A 的权向量 $w^{(2)}$，各方案甲、乙、丙对每个准则 C_k 的权向量作为列向量组成矩阵 $W^{(3)}$，**组合权向量** $w^{(3)}$如下计算：

$$w^{(3)}=W^{(3)}w^{(2)}=\begin{pmatrix}0.123 & 0.072 & 0.593 & 0.283\\0.320 & 0.227 & 0.341 & 0.643\\0.557 & 0.701 & 0.066 & 0.074\end{pmatrix}\begin{pmatrix}0.444\\0.111\\0.222\\0.222\end{pmatrix}=\begin{pmatrix}0.257\\0.386\\0.357\end{pmatrix}.$$

由此可见，甲、乙、丙三套住房的得分分别是 0.257 分、0.386 分和 0.357 分，李先生选择购买乙住房较合适.

六、检测题

（一）单项选择题

1．每天早晨，张明要做这几件事：起床、穿衣、上卫生间 10 min，刷牙、洗脸 3 min，煮稀饭 13 min，吃早点 7 min，听广播 15 min，整理房间 6 min. 做完这些事再上学，则张明从起床到上学至少需要（ ）.

A．20 min　　B．24 min　　C．26 min　　D．28 min

2．用 0.618 法对炼钢中的加碳量进行优选试验，若根据经验判断加碳量在 100～161.8g 之间，则第一次试验点 C_1 为 138.2g，第二次试验点 C_2 为（ ）g.

A．1250　　B．125　　C．1236　　D．123.6

3．用正交表 $L_9(3^4)$安排实验，可以安排的因素数目至多是（ ）.

A．12　　B．9　　C．4　　D．3

4．一正交试验结果如表 3-7 所示.

表 3-7

因素 试验号	A	B	C	评分
1	1	1	1	4
2	2	1	2	8
3	1	2	2	6
4	2	2	1	9
K_1				
K_2				

若得分低为试验结果好，则算一算的好条件是（ ）.

A．$A_1B_1C_1$　　B．$A_2B_2C_2$　　C．$A_1B_2C_2$　　D．$A_2B_2C_1$

5．三因数各取三个位级、要求试验结果精度高一些、允许试验次数多一点的正交试验，选用下列正交表（ ）比较合适.

A．$L_9(3^4)$　　B．$L_4(2^3)$　　C．$L_8(2^7)$　　D．$L_{18}(3^7)$

6．用 Mathematica 解线性规划模型：

$$\max S = 2x_1 + 2x_2;$$
$$\text{s.t.}\begin{cases} x_1 - x_2 \geqslant 1, \\ -x_1 + 2x_2 \leqslant 0, \\ x_1 \geqslant 0\ ,\ x_2 \geqslant 0. \end{cases}$$

下面在 Mathematica 窗口中输入的内容正确的是（　　）.

A．Maximize$[2x_1+2x_2,\{x_1-x_2\geqslant 1,-x_1+2x_2\leqslant 0,x_1\geqslant 0\ ,x_2\geqslant 0\},\{x_1,\ x_2\}]$

B．Maximize$[2x_1+2x_2,\{x_1-x_2\geqslant 1,-x_1+2x_2\leqslant 0,x_1\geqslant 0\ ,x_2\geqslant 0\},\{x_1,\ x_2\}]$

C．Maximize$[2x_1+2x_2;\{x_1-x_2\geqslant 1;-x_1+2x_2\leqslant 0;x_1\geqslant 0\ ,x_2\geqslant 0\};\{x_1,\ x_2\}]$

D．Maximize$[2x_1+2x_2,\{x_1-x_2\geqslant 1,-x_1+2x_2\leqslant 0,x_1\geqslant 0\ ,x_2\geqslant 0\},\{x_1,\ x_2\}]$

7．含有 n 个顶点的树有（　　）条边.

A．n　　B．n+1　　C．n−1　　D．n+2

8．求最小树的方法有（　　）.

A．去边法　　B．Dijkstra 算法　　C．破解法　　D．破圈法

9．下列图中不是树的是（　　）.

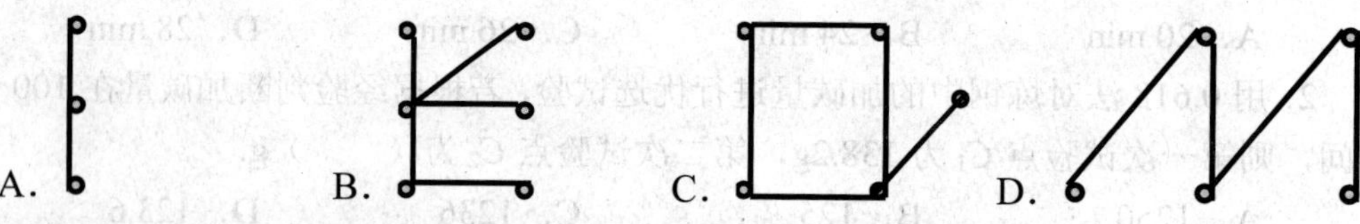

10．下列说法不正确的是（　　）.

A．用 0.618 法进行优选时，第一个试验点是试验区间的 0.382 处

B．正交试验具有均衡分散性和整齐可比性的特点

C．构成线性规划问题的三要素是决策变量、约束条件及目标函数

D．树是边数最少的连通图

（二）填空题

1．0.618 法是以黄金分割和（　　）来选取试验点的一种优选法.

2．正交试验中，根据（　　）的大小，分析影响结果的主次因素.

3．用正交表 $L_9(3^4)$安排 3 个因素试验时，需进行（　　）次试验，相对于全面试验可以减少（　　）次试验.

4．在正交表的每列中，不同的数字出现的次数（　　）等.

5．在正交表的任意两列，将同一行的两个数字看成有序数对，各数对出现的次数（　　）等.

6．表 3-8 是正交表 $L_9(3^4)$，在空格处填上适当的数字.

表 3-8

试验号 \ 列号	1	2	3	4
1	1	1	1	1
2	1	2	2	2
3	1	3	3	3
4	2	1	2	3
5			3	1
6	2		1	2
7	3	1	3	2
8	3	2	1	3
9	3	3	2	1

7．在线性规划问题中，满足约束条件的解叫线性规划问题的（　　）.

8．树是边数最多的（　　）图.

（三）分析解答题

1．人们最喜欢春秋的气温．在这中间，你能发现什么吗？

2．某轴承厂的技术人员，经过长期的观察与研究发现，某种型号轴承的退火质量受到上升温度、保温时间、出炉温度的影响，各有两种选择，上升温度：800℃，820℃．保温时间：6 小时，8 小时．出炉温度：400℃，500℃.

（1）选用合适的正交表安排试验；

（2）给出具体的试验方案.

3．用正交表安排试验，选取的试验点在全部试验点中具有很好的代表性，这是为什么呢？

4．某家具厂需要长 80 cm 的角钢 150 根与长 60 cm 的角钢 330 根，这两种长度不同的角钢由长 210 cm 的角钢截得，工厂应如何下料，才使得用料最省？（要求写出求解线性规划模型时，在 Mathematica 程序中输入的命令）

5．求如图 3-6 所示的最小树．要求画出所求的一颗最小树并计算其各边权之和 *W*.

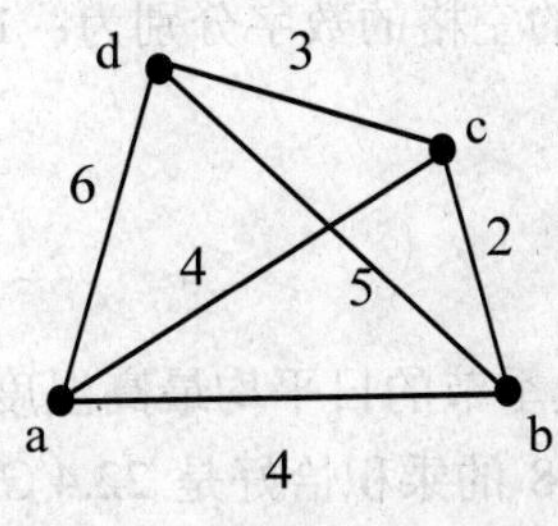

图 3-6

七、习题参考答案

（一）单项选择题

1．C（提示：10+3+7+6=26（min））

2．D（提示：C_2=100+161.8−138.2=123.6）

3．C

4．A（如表 3-9 所示）

表 3-9

试验号 \ 因素	A	B	C	评分
1	1	1	1	4
2	2	1	2	8
3	1	2	2	6
4	2	2	1	9
K_1	10	12	13	
K_2	17	15	14	

5．D　三位级就选 3 水平正交表，只有 A 和 D 符合，允许试验次数多一点，则选 D.

6．B

7．C

8．D

9．C

10．A

（二）填空题

1．对称原则

2．极差

3．9　18（提示：$18=3^3-9$）

4．相

5．相

6．试验号 1，2，5，6 对应的空格的数字分别为：1，2，2，2，3

7．可行解

8．无圈

（三）分析解答题

1．其中一种解释：因为春秋季节的日平均最高温度在 24℃左右，而人体的正常体温是 36℃～37℃，这个体温与 0.618 的乘积恰好是 22.4℃～22.8℃，在这一环境温度中，人体的生理机能、生活节奏等新陈代谢水平处于最佳状态. 因此，人们喜欢春秋的气温，而且发现人们常在炎炎夏日将空调设为 22℃～24℃；寒冷的冬季里，人们羡慕生活在 22℃～

24℃的海南人.

2．解：(1) 该试验问题中的因素有上升温度、保温时间、出炉温度，各因素的水平分别为上升温度：800℃，820℃. 保温时间：6 小时，8 小时. 出炉温度：400℃，500℃. 可供选择的正交表有 $L_4(2^3)$ 、$L_8(2^7)$、$L_{16}(2^{15})$、$L_{32}(2^{31})$等，试验次数最少的一个是 $L_4(2^3)$，故选 $L_4(2^3)$安排试验.

(2) 具体试验方案如表 3-10 所示.

表 3-10

列号 / 试验号	A 上升温度（℃）	B 保温时间（h）	C 出炉温度（℃）
1	800	6	400
2	800	8	500
3	820	6	500
4	820	8	400

3．解：正交表具有以下特点.

(1) 正交表的每一列中，不同数字的个数与对应因素的水平数相等，各个不同数字出现的次数相等，这保证了每个因素的各个水平均参与了试验且参与试验的机会相等.

(2) 正交表的任意两列中不同数字的搭配出现的次数相等，这保证了任意两个因素的各个不同水平搭配参与试验的机会相等.

正交表的以上特点保证了所安排的试验具有很好的代表性.

4．解：用长 210 cm 的角钢截成长 80 cm、60 cm 的角钢，所有的方案如表 3-11 所示.

表 3-11

方案 / 毛坯（cm）	方案 1	方案 2	方案 3
80	2	1	0
60	0	2	3
剩余料头	50	10	30

设第 i 种方案的用料数为 x_i（i=1,2,3），则问题的模型为：

$$\min S = x_1 + x_2 + x_3;$$

$$\text{s.t.}\begin{cases} 2x_1 + x_2 \geqslant 150, \\ 2x_2 + 3x_3 \geqslant 330, \\ x_1 \geqslant 0, x_2 \geqslant 0, x_3 \geqslant 0. \end{cases}$$

在 Mathematica 程序中输入

Minimize[$x_1+x_2+x_3$, {$2x_1+x_2 \geqslant 150$, $2x_2+3x_3 \geqslant 330$, $x_1 \geqslant 0$, $x_2 \geqslant 0$, $x_3 \geqslant 0$},{x_1, x_2, x_3 }]

5．解：最小树如图 3-7 所示（不唯一），各边权之和 W= 3+2+4=9.

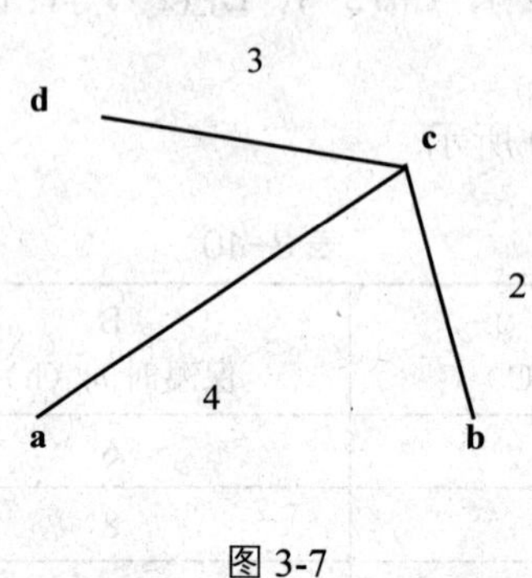

图 3-7

第四章

微积分方法

一、本章主要内容

（一）微分学基本知识

1．重要概念

（1）极限与连续

所谓极限，是指在某个变化过程中，某个变量 y 无限趋近于常数 A 的一种变化趋势.此时称在该变化过程中，变量 y 以 A 为极限，记为 $\lim y=A$ 或 $y\to A$.

设函数 $y=f(x)$在点 x_0 的某个邻域内有定义，若 $\lim\limits_{x\to x_0} f(x)$ 存在，且其极限值等于 $f(x_0)$，即 $\lim\limits_{x\to x_0} f(x)=f(x_0)$，则称函数 $f(x)$在点 x_0 处**连续**，点 x_0 称为函数 $f(x)$的**连续点**.

若 $\lim\limits_{x\to x_0^-} f(x)=f(x_0)$，则称 $f(x)$在点 x_0 处**左连续**；

若 $\lim\limits_{x\to x_0^+} f(x)=f(x_0)$，则称 $f(x)$在点 x_0 处**右连续**.

显然，$f(x)$在点 x_0 处连续的充分必要条件是：$f(x)$在点 x_0 处既左连续又右连续.

如果函数 $f(x)$在开区间(a,b)内的每一点都连续，则称 $f(x)$在区间(a,b)内连续，这时称 $f(x)$是(a,b)内的连续函数；如果函数 $f(x)$在开区间(a,b)内连续，且在左端点 a 处右连续，在右端点 b 处左连续，则称 $f(x)$在闭区间$[a,b]$上连续.

关于连续函数，我们可以得到下列结论：

a．初等函数在其定义区间内连续；

b．（最大值与最小值定理）若函数 $f(x)$在闭区间$[a, b]$上连续，则 $f(x)$在闭区间$[a, b]$上必取得最大值和最小值（从而 $f(x)$在$[a, b]$上有界）.

（2）导数

函数 $y=f(x)$在点 x_0 的某个邻域内有定义，当自变量 x 在点 x_0 处取得增量 Δx（$\Delta x\neq 0$）时，相应的函数 y 取得增量 $\Delta y=f(x_0+\Delta x)-f(x_0)$；如果当 $\Delta x\to 0$ 时，$\dfrac{\Delta y}{\Delta x}$的极限存在，即 $\lim\limits_{\Delta x\to 0}\dfrac{\Delta y}{\Delta x}=\lim\limits_{\Delta x\to 0}\dfrac{f(x_0+\Delta x)-f(x_0)}{\Delta x}$ 存在，则称此极限为函数 $y=f(x)$在点 x_0 处的**导数**，并称

函数 $y=f(x)$在点 x_0 处可导. $y=f(x)$在点 x_0 处的导数记为：$f'(x_0)$，$y'\big|_{x=x_0}$，$\dfrac{\mathrm{d}y}{\mathrm{d}x}\Big|_{x=x_0}$，或$\dfrac{\mathrm{d}f}{\mathrm{d}x}\Big|_{x=x_0}$.

如果函数 $y=f(x)$在开区间(a,b)内的每一点处都可导，就称函数 $f(x)$在开区间(a,b)内可导. 这时，对于任意一点 $x\in(a,b)$，都对应着 $f(x)$的一个确定的导数值.这样就构成了一个新的函数，这个函数叫做原函数 $y=f(x)$的导函数，记作 y'，$f'(x)$，$\dfrac{\mathrm{d}y}{\mathrm{d}x}$或$\dfrac{\mathrm{d}f(x)}{\mathrm{d}x}$.即

$$y'=\lim_{\Delta x\to 0}\frac{\Delta y}{\Delta x}=\lim_{\Delta x\to 0}\frac{f(x+\Delta x)-f(x)}{\Delta x}，\ x\in(a,b).$$

一般地，如果函数 $y=f(x)$的导函数 $f'(x)$ 可以对 x 再求导，则称一阶导数的导数为二阶导数，记作

$$y''，\ f''(x)，\ \frac{\mathrm{d}^2y}{\mathrm{d}x^2}\text{或}\frac{\mathrm{d}^2f(x)}{\mathrm{d}x^2}$$

且有 $y''=(y')'$.

类似地，可以定义三阶、四阶、…、n 阶导数.

函数的三阶导数记为

$$y'''，\ f'''(x)，\ \frac{\mathrm{d}^3y}{\mathrm{d}x^3}\text{或}\frac{\mathrm{d}^3f(x)}{\mathrm{d}x^3}$$

四阶导数记为

$$y^{(4)}，\ f^{(4)}(x)，\ \frac{\mathrm{d}^4y}{\mathrm{d}x^4}\text{或}\frac{\mathrm{d}^4f(x)}{\mathrm{d}x^4}$$

$$\cdots$$

n 阶导数记为

$$y^{(n)}，\ f^{(n)}(x)，\ \frac{\mathrm{d}^ny}{\mathrm{d}x^n}\text{或}\frac{\mathrm{d}^nf(x)}{\mathrm{d}x^n}$$

且有 $y^{(n)}=(y^{(n-1)})'$.

如果函数 $f(x)$在点 x 处具有 n 阶导数，则称 $f(x)$在点 x 处 n 阶可导.并把二阶与二阶以上的各阶导数都称为高阶导数. 函数 $f(x)$在点 x_0 处的各阶导数是其各阶导函数在点 x_0 处的函数值，即

$$f'(x_0)，\ f''(x_0)，\ f'''(x_0)，\ f^{(4)}(x_0)，\ \cdots，\ f^{(n)}(x_0).$$

（3）微分

设函数 $y=f(x)$在点 x_0 处可导，Δx 是自变量 x 在点 x_0 处产生的改变量，则 $f'(x_0)\Delta x$ 称为函数 $y=f(x)$在点 x_0 处的**微分**，记为：$\mathrm{d}y\big|_{x=x_0}$ 或 $\mathrm{d}f(x_0)$，即 $\mathrm{d}y\big|_{x=x_0}=f'(x_0)\Delta x$.并称函数 $y=f(x)$在点 x_0 处可微.

对于函数 $y=f(x)$在任意点 x 的微分，有 $\mathrm{d}y=f'(x)\Delta x$.

当 $y=f(x)=x$ 时，由 $\mathrm{d}y=f'(x)\Delta x$ 可得 $\mathrm{d}x=x'\Delta x=\Delta x$，可见，自变量 x 的微分 $\mathrm{d}x$ 即为

其改变量 Δx，所以 $\mathrm{d}y = f'(x)\,\mathrm{d}x$.

于是，函数改变量 Δy 可以近似地表示为 $\Delta y \approx \mathrm{d}y = f'(x)\,\mathrm{d}x$.

2．极限、导数、微分的计算

极限、导数、微分的计算可以利用定义、基本公式和法则、软件三种方法. 一般地，较为简单的运算根据基本公式和法则便可算出，较为复杂的可以用数学计算软件 Mathematica 软件来计算.

（1）求极限

Limit[f(x), x→x_0]

Limit[f(x), x→x_0,Direction→1]　　左极限

Limit[f(x), x→x_0,Direction→−1]　　右极限

（2）求导数、微分

计算函数 $f(x)$对 x 的导数 $f'(x)$ 的格式为

D [f(x), x].

计算函数在某点的导函数值 $f'(x_0)$ 的格式为

D [f'[x], x]/. x→x_0.

微分与导数是等价的，在所求得的导数后面加个后缀——自变量的微分，如 dx，便是微分.

计算函数 $f(x)$对 x 的 n 阶导数 $f^{(n)}(x)$ 格式为

D [f(x), {x , n}].

计算函数在某点的 n 阶导函数值 $f^{(n)}(x_0)$ 的格式为

D [f(x), {x , n}]/. x→x_0.

（二）导数在经济管理中的应用

1．边际分析

在经济学中，边际经常用来描述一个经济变量 y 对于另一个经济变量的变化.利用导数研究经济变量的边际变化的方法，称作边际分析法.

（1）边际成本（MC）

边际成本的经济含义为：当产量为 q 时，再生产一个单位产品所增加的总成本.

设某产品产量为 q 时所需的总成本为 $C = C(q)$.由于

$$C(q+1) - C(q) = \Delta C(q) \approx \mathrm{d}C(q) = C'(q)\Delta q = C'(q).$$

即边际成本就是总成本函数关于产量 q 的导数，记为 $MC = C'(q)$.

（2）边际收入（MR）

设某产品的销售量为 q 时的收入函数为 R=$R(q)$，则 $MR = R'(q)$.即边际收入为收入函数 $R(q)$的导数. 边际收入的经济含义是：多销售一个单位产品所增加的销售收入.

（3）边际利润（ML）

设销售某产品 q 单位时的利润函数为 L=$L(q)$，当 $L(q)$可导时，称 $L'(q)$为销售量为 q 时的边际利润，记为 ML=$L'(q)$. 其经济含义为：多销售一个单位产品所增加（或减少）的

利润.

由于利润函数为收入函数与总成本函数之差，即

$$L(q)=R(q)-C(q),$$

由导数的运算法则可知

$$L'(q)=R'(q)-C'(q),$$

即边际利润为边际收入与边际成本之差.

2．弹性分析

弹性作为一个数学概念是指相对变化率，即相互依存的一个变量对另一个变量变化的反应程度. 用比例来说，是自变量变化 1%所引起因变量变化的百分数. 弹性是一种不依赖于任何单位的计量法，即是无量纲的.

需求价格弹性是经济数学弹性中应用最广泛的概念之一. 它是指物品的需求量对价格变化的反应程度，即需求弹性 = 需求变化百分比/ 价格变化百分比.

设需求函数为 $q=q(p)$，这里 p 为价格，q 为需求量. 如果我们以极限为工具来研究需求弹性，则此变化率可定义为 $E_p=\lim\limits_{\Delta p\to 0}\dfrac{\Delta q/q}{\Delta p/p}=\dfrac{p}{q}\dfrac{\mathrm{d}q}{\mathrm{d}p}$. 需求弹性有其实际的经济含义：表示当某种商品的价格下降（或上升） 1 %时，其需求量将增加（或减少）$\left|E_p\right|$%.

3．最大最小值问题

连续函数在闭区间上一定有最大值和最小值.

在实际问题中，往往根据问题的实际意义就可以断定由实际问题确定的函数 $y=f(x)$有最大值或最小值，且一定在区间内取得，这时如果方程 $f'(x)=0$ 在定义区间内只有一个解 x_0，则 $f(x_0)$必是最大值或最小值，而不必讨论 $f(x_0)$是否为极值.

（三）偏导数在经济管理中的应用

1．多元函数的定义

设在某一变化过程中有三个变量 x, y, z，如果对于变量 x, y 在其变化范围内所取的每一对数值，变量 z 按照某一对应法则 f，总有唯一确定的值与之对应，则称 z 为 x, y 的**二元函数**，记为

$$z=f(x,y).$$

其中，x, y 称为**自变量**，z 称为**因变量**，自变量的取值范围叫做函数的**定义域**，通常记为 D.

类似地，可定义三元及三元以上的函数.

2．二元函数的极限与连续

设函数 $z=f(x, y)$在点 $P_0(x_0, y_0)$的某个邻域内有定义（点 $P_0(x_0, y_0)$可除外），$P(x, y)$是该邻域内的任意一点.如果当点 $P(x, y)$以任何方式无限趋于点 $P_0(x_0, y_0)$时，函数 $f(x, y)$都无限趋近于唯一确定的常数 A，则称 A 是函数 $f(x, y)$当 $x\to x_0, y\to y_0$ 时的极限，记作

$$\lim_{\substack{x \to x_0 \\ y \to y_0}} f(x,y) = A \text{ 或 } f(x,y) \to A(\text{当} x \to x_0, y \to y_0)$$

设函数 $z=f(x,y)$在点 $P_0(x_0,y_0)$的某个邻域内有定义，如果有

$$\lim_{\substack{x \to x_0 \\ y \to y_0}} f(x,y) = f(x_0,y_0),$$

则称函数 $z=f(x,y)$在点 $P_0(x_0,y_0)$处**连续**. 如果函数在区域 D 内的每一点处都连续，则称 $z=f(x,y)$在**区域 D 内连续**.

3．偏导数

设函数 $z=f(x,y)$在点(x_0,y_0)的某个邻域内有定义，如果固定 $y=y_0$ 后，极限 $\lim\limits_{\Delta x \to 0} \dfrac{f(x_0+\Delta x, y_0) - f(x_0,y_0)}{\Delta x}$存在，则称此极限值为函数 $z=f(x,y)$在点(x_0,y_0)处对 x 的**偏导数**，记作 $f'_x(x_0,y_0), z'_x(x_0,y_0)$，$\left.\dfrac{\partial f}{\partial x}\right|_{\substack{x=x_0 \\ y=y_0}}$ 或 $\left.\dfrac{\partial z}{\partial x}\right|_{\substack{x=x_0 \\ y=y_0}}$.即

$$f'_x(x_0,y_0) = \lim_{\Delta x \to 0} \frac{f(x_0+\Delta x, y_0) - f(x_0,y_0)}{\Delta x}.$$

类似地，函数 $z=f(x,y)$在点(x_0,y_0)处关于对 y 的**偏导数**，记作 $f'_y(x_0,y_0)$，$z'_y(x_0,y_0)$，$\left.\dfrac{\partial f}{\partial y}\right|_{\substack{x=x_0 \\ y=y_0}}$ 或 $\left.\dfrac{\partial z}{\partial y}\right|_{\substack{x=x_0 \\ y=y_0}}$. 且

$$f'_y(x_0,y_0) = \lim_{\Delta y \to 0} \frac{f(x_0, y_0+\Delta y) - f(x_0,y_0)}{\Delta y}$$

如果函数 $z=f(x,y)$在区域 D 内任一点(x,y)处对 x 的偏导数都有存在，那么这个偏导数仍是 x, y 的函数，这个函数就称为函数 $z=f(x,y)$对 x 的**偏导函数**，记作 $f'_x(x,y)$，$z'_x(x,y)$，$\dfrac{\partial f}{\partial x}$或$\dfrac{\partial z}{\partial x}$.

类似地，可以定义函数 $z=f(x,y)$对 y 的**偏导函数**，记作 $f'_y(x,y)$，$z'_y(x,y)$，$\dfrac{\partial f}{\partial y}$或$\dfrac{\partial z}{\partial y}$.

4．偏导数的计算

根据偏导数的定义可知，求 $z=f(x,y)$的偏导函数，如求 $f'_x(x,y)$，只需把 y 暂时看作常数对 x 求导数；如求 $f'_y(x,y)$，只需把 x 暂时看作常数对 y 求导数.

5．高阶偏导数

设二元函数 $z=f(x,y)$, 如果偏导数$\dfrac{\partial z}{\partial x}$，$\dfrac{\partial z}{\partial y}$关于 x 和 y 的偏导数仍存在，则称$\dfrac{\partial z}{\partial x}$，$\dfrac{\partial z}{\partial y}$关于 x 和 y 的偏导数为函数 $z=f(x,y)$对 x 和 y 的**二阶偏导数**.

函数 $z=f(x,y)$的二阶偏导数有 4 个，它们是:

（1）$\frac{\partial}{\partial x}\left(\frac{\partial z}{\partial x}\right)=\frac{\partial^2 z}{\partial x^2}=f''_{xx}(x,y)=z''_{xx}$（两次都对 x 求偏导数，纯偏导）；

（2）$\frac{\partial}{\partial y}\left(\frac{\partial z}{\partial y}\right)=\frac{\partial^2 z}{\partial y^2}=f''_{yy}(x,y)=z''_{yy}$（两次都对 y 求偏导数，纯偏导）；

（3）$\frac{\partial}{\partial y}\left(\frac{\partial z}{\partial x}\right)=\frac{\partial^2 z}{\partial x\partial y}=f''_{xy}(x,y)=z''_{xy}$（先对 x 再对 y 求偏导数，混合偏导）；

（4）$\frac{\partial}{\partial x}\left(\frac{\partial z}{\partial y}\right)=\frac{\partial^2 z}{\partial y\partial x}=f''_{yx}(x,y)=z''_{yx}$（先对 y 再对 x 求偏导数，混合偏导）.

类似地，可定义三阶及三阶以上偏导数.二阶及二阶以上的偏导数统称为**高阶偏导数**.

6．用 Mathematica 计算一阶、二阶偏导数

用 Mathematica 计算函数 $z=f(x,y)$偏导数的格式如下：

$D[z,x]$. 表示 $z=f(x,y)$对 x 求偏导数；

$D[z,x,y]$. 表示 $z=f(x,y)$先对 x 求偏导数再对 y 求偏导数；

$D[z,\{x,m\},\{y,n\}]$. 表示 $z=f(x,y)$先对 x 求 m 阶偏导数再对 y 求 n 阶偏导数.

7．偏导数在经济管理中的应用

（1）边际分析

① 边际成本函数

设某企业生产两种产品甲、乙，其产量分别为 q_1、q_2 时的总成本函数为

$$C=C(q_1,q_2),$$

则 $\frac{\partial C}{\partial q_1}$，$\frac{\partial C}{\partial q_2}$ 分别表示总成本 $C=C(q_1,q_2)$ 对 q_1、q_2 的**边际成本**函数.其经济解释是：

$\frac{\partial C}{\partial q_1}$ 表示企业在两种产品的产量分别为 q_1，q_2 的基础上，再多生产一个单位甲产品所需增加的（近似）成本；

$\frac{\partial C}{\partial q_2}$ 表示企业在两种产品的产量分别为 q_1，q_2 的基础上，再多生产一个单位乙产品所需增加的（近似）成本.

② 边际需求函数

设有甲、乙两种相关商品，它们的价格分别为 p_1 和 p_2，需求量分别为 Q_1 和 Q_2，需求函数可表示为

$$Q_1=Q_1(p_1,p_2),\quad Q_2=Q_2(p_1,p_2)$$

则需求量 Q_1 和 Q_2 关于价格 p_1 和 p_2 的偏导数和 $\frac{\partial Q_1}{\partial p_2}$，表示甲、乙两种商品的边际需求.

其中：

$\frac{\partial Q_1}{\partial p_1}$ 是甲商品的需求量 Q_1 关于自身价格 p_1 的边际需求，表示甲商品的价格 p_1 发生变

化时，甲商品需求量 Q_1 的变化率；

$\frac{\partial Q_1}{\partial p_2}$ 是甲商品的需求量 Q_1 关于相关价格 p_2 的边际需求，表示乙商品的价格 p_2 发生变化时，甲商品需求量 Q_1 的变化率.

对 $\frac{\partial Q_2}{\partial p_1}$ 和 $\frac{\partial Q_2}{\partial p_2}$ 可作类似的解释.

显然，如果对于给定的价格 p_1 和 p_2，边际需求 $\frac{\partial Q_1}{\partial p_2}$ 和 $\frac{\partial Q_2}{\partial p_1}$ 都是负的，那么这两种商品是**互补商品**，即当两种商品中任意一个价格降低，都将使这两种商品的需求量 Q_1 和 Q_2 增加.

如果对于给定的价格 p_1 和 p_2，边际需求 $\frac{\partial Q_1}{\partial p_2}$ 和 $\frac{\partial Q_2}{\partial p_1}$ 都是正的，那么这两种商品是**替代商品（相互竞争商品）**，即当两种商品中任意一个价格降低，都将使其中一种商品的需求量增加，另一种商品的需求量减少.如猪肉和鱼，当猪肉价格下降而鱼的价格不变时，将导致部分消费者从买鱼转向买猪肉，使鱼的需求量下降而猪肉的需求量增加，它们是替代商品.

③ 边际产量函数

假定某企业某种产品的产量 Q 是投入的资产 K 和投入的劳动力 L（一般以总工时或工资总额）的函数，即 $Q = Q(K, L)$.那么：

边际产量 $\frac{\partial Q}{\partial K}$ 表示在投入资本 K 和劳动力 L 的基础上，再多投入一个单位的资本所增加的产量；

边际产量 $\frac{\partial Q}{\partial L}$ 表示在投入资本 K 和劳动力 L 的基础上，再多投入一个单位的劳动力所增加的产量.

（2）弹性分析

与一元函数类似，可定义二元函数的弹性概念.

设有甲、乙两种相关商品，它们的价格分别为 p_1 和 p_2，需求量分别为 Q_1 和 Q_2，需求函数可表示为

$$Q_1 = Q_1(p_1, p_2)，\ Q_2 = Q_2(p_1, p_2)，$$

则商品甲的需求量 Q_1 对自身价格 p_1 的**直接价格偏弹性**（简称**弹性**）为

$$\frac{EQ_1}{Ep_1} = \frac{p_1}{Q_1} \cdot \frac{\partial Q_1}{\partial p_1}.$$

它表示商品甲和乙的价格在某种水平上，当商品乙的价格 p_2 保持不变而商品甲的价格 p_1 上涨 1%时，需求量 Q_1 变化（增加或减少）的百分比.

商品甲的需求量 Q_1 对相关价格 p_2 的**交叉价格偏弹性**（简称**弹性**）为

$$\frac{EQ_1}{Ep_2}=\frac{p_2}{Q_1}\cdot\frac{\partial Q_1}{\partial p_2},$$

它表示商品甲和乙的价格在某种水平上，当商品甲的价格 p_1 保持不变而商品乙的价格 p_2 上涨 1%时，需求量 Q_1 变化（增加或减少）的百分比.

类似地可定义并解释

$$\frac{EQ_2}{Ep_1}=\frac{p_1}{Q_2}\cdot\frac{\partial Q_2}{\partial p_1},\quad \frac{EQ_2}{Ep_2}=\frac{p_2}{Q_2}\cdot\frac{\partial Q_2}{\partial p_2}.$$

（3）多元函数的最大值最小值

二元函数的驻点定义：设有二元函数 $z=f(x,y)$，那么使 $f'_x(x,y)=0$，$f'_y(x,y)=0$ 同时成立的点(x_0, y_0)称为函数 $f(x,y)$的驻点.

由于函数 $z=f(x,y)$在有限闭区域 D 上的最大值与最小值的求法比较复杂，我们只讨论实际问题中的函数 $f(x,y)$的最大值与最小值的求法.

实际问题中，如果根据问题的性质，能够知道所求函数 $f(x,y)$的最大值（或最小值）一定存在，而函数只有唯一驻点，则可断定该点就是函数的最大值（或最小值）点.

拉格朗日乘数法是一种对二元函数在一定约束条件下求极值的方法，在实际中常用到.

若 $z=f(x,y)$ 的极值还必须满足一定的约束条件 $\Phi(x,y)=0$，这样的极值问题称为**条件极值**问题，可用拉格朗日乘数法解决. 方法如下：

作辅助函数 $F(x,y,\lambda)=f(x,y)+\lambda\Phi(x,y)$ 称为**拉格朗日函数**，λ 称为**拉格朗日乘数**，则 $F(x,y,\lambda)$ 的极值存在的必要条件为

$$\begin{cases}F'_x=f'_x+\lambda\Phi'_x=0,\\ F'_y=f'_y+\lambda\Phi'_y=0,\\ F'_\lambda=\Phi(x,y)=0.\end{cases}$$

解此方程组，得解(x_0,y_0,λ_0)，则(x_0, y_0)就是 $f(x,y)$ 满足条件 $\Phi(x,y)=0$ 的可能极值点.

与极值实际问题类似，对于实际应用中的条件极值问题，若求得唯一的驻点(x_0, y_0)，使得 $f'_x(x_0,y_0)=0$，$f'_y(x_0,y_0)=0$，且根据问题性质能判定最大（最小）值存在，则所求的点(x_0, y_0)必为最大值（或最小值）点.

（四）积分和社会收入分配

1. 原函数的定义

设 $f(x)$是定义在区间 D 上的函数，若存在函数 $F(x)$，使得对区间上的任意 x 均有

$$F'(x)=f(x)\quad(\text{或 } dF(x)=f(x)dx)$$

则称 $F(x)$是 $f(x)$在区间 D 上的一个**原函数**（简称为 $f(x)$的原函数）.

2. 定积分的定义

设 $f(x)$在区间$[a,b]$上连续，$F(x)$为函数 $f(x)$的一个原函数，则数值 $F(b)-F(a)$称为函数 $f(x)$在区间$[a,b]$上的**定积分**（或称为 $f(x)$从 a 到 b 的定积分），记为 $\int_a^b f(x)dx$，即

$$\int_a^b f(x)\mathrm{d}x = F(x)\Big|_a^b = F(b) - F(a) \tag{1}$$

有时把 $F(x)\Big|_a^b$ 记为 $[F(x)]_a^b$. 其中，$f(x)$称为**被积函数**，x 称为**积分变量**，数 a 和 b 分别称为积分**下限**和**上限**，区间$[a ,b]$称为**积分区间**.

（1）式也称为牛顿-莱布尼茨（Newton-Leibniz）公式.

由（1）式可知，计算定积分 $\int_a^b f(x)\mathrm{d}x$ 时，首先求出$f(x)$的一个原函数 $F(x)$，然后计算函数值之差 $F(b)-F(a)$即可．所以计算定积分的关键是求出$f(x)$的一个原函数 $F(x)$.

3．定积分的几何意义和性质

（1）若$f(x)$在区间$[a ,b]$上连续，且 $f(x)\geqslant 0$，则$f(x)$在$[a ,b]$上的定积分 $\int_a^b f(x)\mathrm{d}x$ 在几何上表示：由曲线 $y = f(x)$和直线 $y=0$ 及直线 $x=a$，$x=b$ 所围成的曲边梯形的面积 S，如图 4-1 所示，即

$$S = \int_a^b f(x)\mathrm{d}x\,.$$

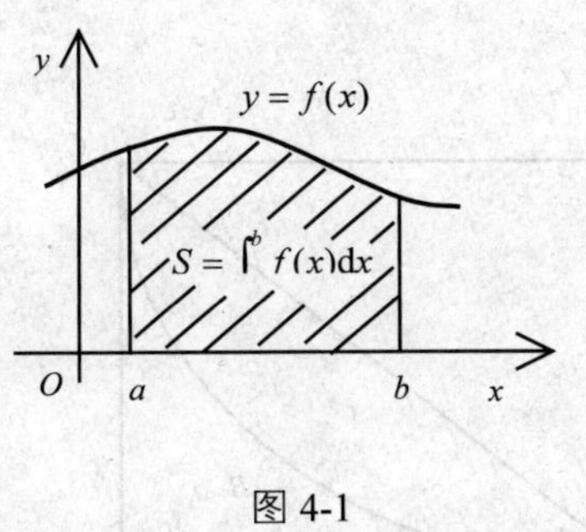

图 4-1

（2）定积分性质　设函数 $f(x), g(x)$ 在区间$[a ,b]$上连续，则有：

性质 1　$\int_a^b kf(x)\mathrm{d}x = k\int_a^b f(x)\mathrm{d}x$　(k为常数)；

性质 2　$\int_a^b [f(x) \pm g(x)]\mathrm{d}x = \int_a^b f(x)\mathrm{d}x \pm \int_a^b g(x)\mathrm{d}x$；

性质 3　$\int_a^b f(x)\mathrm{d}x = \int_a^c f(x)\mathrm{d}x + \int_c^b g(x)\mathrm{d}x$（其中 c 为任意常数）.

4．用 Mathematica 软件求解定积分

用 Mathematica 软件计算定积分 $\int_a^b f(x)\mathrm{d}x$，其格式为

Integrate[$f(x)$，{x, a, b}]或 $\int_a^b f(x)\mathrm{d}x$.

运行 Mathematica 后，在工作区窗口输入上述格式，然后同时按下 Shift 与 Enter 键，即可得出运算结果.

5．无限区间上的广义积分

下列积分称为无限区间上的**广义积分**.

（1）如果函数 $f(x)$ 在区间 $[a,+\infty)$ 上连续，则 $\int_a^{+\infty} f(x)\mathrm{d}x = \lim\limits_{b\to+\infty}\int_a^b f(x)\mathrm{d}x$；

（2）如果函数 $f(x)$ 在区间 $(-\infty,b]$ 上连续，则 $\int_{-\infty}^{b} f(x)\mathrm{d}x = \lim\limits_{a\to-\infty}\int_a^b f(x)\mathrm{d}x$；

（3）如果函数 $f(x)$ 在区间 $(-\infty,+\infty)$ 上连续，则 $\int_{-\infty}^{+\infty} f(x)\mathrm{d}x = \int_{-\infty}^{c} f(x)\mathrm{d}x + \int_c^{+\infty} f(x)\mathrm{d}x$，其中 $c\in(-\infty,+\infty)$.

对于定义中的(1)和(2)，如果极限存在，我们就说广义积分**存在或收敛**；如果极限不存在，我们就说广义积分**不存在或发散**. 对于(3)，如果等式右边的两个极限都存在，我们就说等式左边的广义积分**存在或收敛**；否则它**不存在或发散**.

6．用积分解决经济和管理中的问题

（1）基尼系数的计算

为了用指数来更好地反映社会收入分配的平等状况，1912 年，意大利经济学家基尼根据洛伦茨曲线计算出一个反映收入分配平等程度的指标，称为基尼系数（G）. 在图 4-2 中，基尼系数定义为：

$$G=\frac{A}{A+B}.$$

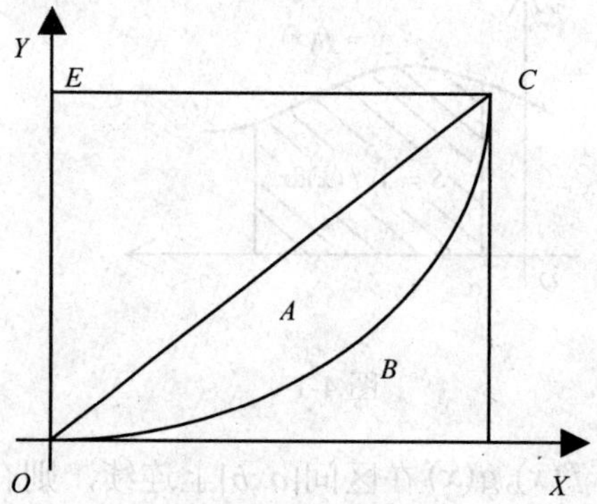

图 4-2

基尼系数也可用分组的方法计算.

假定一定数量的人口按收入由低到高的顺序排列，分为人数相等的 n 组，第 i 组，人口累计收入占全部人口总收入的比重为 W_i，则基尼系数为

$$G=1-\frac{1}{n}\left(2\sum_{i=1}^{n-1}W_i+1\right)$$

（2）由边际函数求最优的问题

根据边际成本、边际收入、边际利润以及产量 x 的变动区间$[a,b]$上的改变量（增量）就等于它们各自边际在区间$[a,b]$上的定积分：

$$R(b)-R(a)=\int_a^b R'(x)\mathrm{d}x \qquad (1)$$

$$C(b)-C(a)=\int_a^b C'(x)\mathrm{d}x \tag{3}$$

$$L(b)-L(a)=\int_a^b L'(x)\mathrm{d}x \tag{4}$$

$$F(x)=\int_0^x F'(x)\mathrm{d}x+F(0) \tag{5}$$

二、目标要求

1．了解微积分的基本思想；掌握极限、导数、微分的概念；能用 Mathematica 软件求极限、导数、微分.

2．掌握导数在经济管理中的应用：边际分析与弹性分析，最值在经济管理中的应用.

3．理解二元函数的概念；理解二元函数的极限与连续性等概念；理解二元函数的偏导数的概念；掌握求二元函数偏导数的方法；掌握偏导数在经济管理中的应用；会用拉格朗日乘数法求解简单的条件极值问题.

4．理解原函数、定积分的定义，定积分的几何意义和性质；掌握一些简单的定积分的计算和用 Mathematica 软件求解定积分；会计算无限区间上的广义积分；会用积分解决经济管理中的问题.

三、重点

1．函数极限、导数和微分的概念，用 Mathematica 软件求极限、导数、微分.

2．导数在经济管理中的应用：边际分析与弹性分析，最值在经济管理中的应用.

3．偏导数的计算及偏导数在管理中的应用，用拉格朗日乘数法求解简单的条件极值问题.

4．定积分的定义，定积分的计算，用 Mathematica 软件求解定积分，用积分解决经济管理中的问题.

四、难点

1．用 Mathematica 软件求极限、导数、微分.

2．导数在经济管理中的应用：边际分析与弹性分析，最值在经济管理中的应用.

3．偏导数的计算及偏导数在经济管理中的应用，用拉格朗日乘数法求解简单的条件极值问题.

4．定积分的定义，定积分的计算，用积分解决经济管理中的问题.

五、案例选讲

例 1　用 Mathematica 软件求极限 $\lim\limits_{x\to 0}\dfrac{\sin 3x}{\sin 5x}$，下面输入的内容正确的是（　　）.

A．$\text{Limit}[\sin[3x]/\sin[5x], x\to 0]$　　B．$\text{Lim}[\text{Sin}\,3x/\text{Sin}\,5x, x\to 0]$

C．$\text{Limit}[\text{Sin}[3x]/\text{Sin}[5x], x\to 0]$　　D．$\lim[\sin[3x]/\sin[5x], x\to 0]$

分析：根据用 Mathematica 软件求极限 $\lim\limits_{x\to a} f(x)$ 的格式为 $\text{Limit}[f(x), x\to a]$ 知，应选 C.

例 2 在 Mathematica 窗口中输入 $\text{D}[(3x-5)^2, x]$，表示用 Mathematica 软件（ ）.

A．求 $y=(3x-5)^2$ 的微分　　B．求 $y=(3x-5)^2$ 的导数

C．求 $y=(3x-5)$在 $x=2$ 处的导数　　D．求 $y=(3x-5)$的二阶导数

分析：根据用 Mathematica 软件求函数 $f(x)$的导数的格式为 $\text{D}[f(x),x]$知，应选 B.

例 3 设某种电器的需求价格函数为 $q=120-4p$. 其中，p 为销售价格，q 为需求量. 求销售量为 60 件时的总收入、平均收入以及边际收入，销售量达到 70 件时，边际收入如何？并作出相应的经济解释.（单位：元）

解：由已知，总收入函数为

$$R = pq = q\left(30 - \frac{1}{4}q\right),$$

于是，销售量为 60 件时的总收入为 $R(60) = 60\times(30-15) = 900$（元）;

销售量为 60 件时的平均收入为 $\overline{R} = \dfrac{R(60)}{60} = 15$（元 / 件）;

销售量为 60 件时的边际收入为 $R'(60) = 30 - \dfrac{1}{2}\times 60 = 0$.

这说明，当销售量达到 60 件时，再增加一件的销量，不增加总收入.

销售量为 70 件时的边际收入为：$R'(70) = 30 - \dfrac{1}{2}\times 70 = -5$.

这说明，当销售量达到 70 件时，再增加一件的销量，总收入会减少 5 元.

例 4 设某商品的需求函数为 $Q = 15\mathrm{e}^{-\frac{p}{3}}, p\in[0,10]$，求当价格为 9 时的需求弹性并解释其经济含义.

解：
$$E_p = \frac{p}{Q}\cdot Q' = \frac{p}{15\mathrm{e}^{-\frac{p}{3}}}\cdot\left(-5\mathrm{e}^{-\frac{p}{3}}\right) = -\frac{p}{3},$$

当 $p=9$ 时，$E_p=-3$.

经济含义：当价格为 9 时，价格每增加 1%，则需求减少 3%；价格每下降 1%，则需求增加 3%.

例 5 某产品滞销，拟用降价扩大销路，若该产品需求价格弹性在−2～−1.5 之间，试问当降价 10%时，销售量能增加多少？

解：因为

$$\frac{\Delta Q}{Q} \approx E_p\frac{\Delta P}{P}, \quad \frac{\Delta P}{P} = 10\%.$$

当 E_p=−2 时，$\dfrac{\Delta Q}{Q}\approx -20\%$；当 E_p=−1.5 时，$\dfrac{\Delta Q}{Q}\approx -15\%$. 则销售量能增加 15%～20%.

例 6 设某企业生产 q 个单位产品的总成本函数是

$$C(q)=q^3-10q^2+50q\,,$$

（1）求使得平均成本 $\overline{C}(q)$ 为最小的产量；

（2）最小平均成本以及相应的边际成本.

解：（1）$\overline{C}(q)=\dfrac{q^3-10q^2+50q}{q}=q^2-10q+50$，那么，$\overline{C}'(q)=2q-10$，

令 $\overline{C}'(q)=0$，解得 q=5，又 q=5 是 $\overline{C}(q)$ 唯一的驻点，理论上，$\overline{C}(q)$ 的最小值是存在的，所以 q=5 时平均成本 $\overline{C}(q)$ 为最小.

（2）$\overline{C}_{\min}(5)=5^2-10\times 5+50=25$，

$$C'(q)=3q^2-20q+50,$$

$$C'(5)=3\times 5^2-20\times 5+50=25\,.$$

一般而言，由于 $\overline{C}(q)=\dfrac{C(q)}{q}$，所以，

$$\overline{C}'(q)=\frac{qC'(q)-C(q)}{q^2}=\frac{1}{q}\left(C'(q)-\overline{C}(q)\right).$$

由此可见，最小平均成本等于相应的边际成本.

例 7 所谓经济订货量，就是使总费用最小的订货量. 而总费用包括了订货费用和储存费用. 每年需要每公斤 2 元的原料一万公斤，与订货量无关的订货费是 40 元，存储费是平均库存原料价值的 10%，设平均存储量是批量的一半.

（1）写出总费用 T 作为每次订货量 x 的函数；

（2）求经济订货量.

解：（1）总费用 = 订货费用+储存费用=订货次数×每次订货费+存储量×存储费

$$=\frac{\text{总需求量}}{\text{每次订货量}}\times\text{每次订货费}+\frac{\text{每次订货量}}{2}\times\text{存储费}\,,$$

即

$$T=\frac{10\,000}{x}\times 40+\frac{x}{2}\times 2\times 10\%\,,$$

$$T=\frac{400\,000}{x}+0.1x\ \ (x>0)\,.$$

（2）求 T 对 x 的导数，得

$$T'=-\frac{400\,000}{x^2}+0.1$$

令 $T'=0$，得 x=2000（x=−2000 舍去），

所以经济订货量是 2000 公斤.

例 8 求下列函数的极限：

（1）$\lim\limits_{\substack{x\to 0\\ y\to 2}}\left|\dfrac{\sin xy}{x}+(x+y)^2\right|$；（2）$\lim\limits_{\substack{x\to 1\\ y\to 0}}\dfrac{\ln(x+\mathrm{e}^y)}{\sqrt{x^2+y^2}}$.

解：（1）原式=$\lim\limits_{x\to 0}\left[2\cdot\dfrac{\sin 2x}{2x}+(x+2)^2\right]$=2+4 =6.

（2）原式=$\dfrac{\ln(1+\mathrm{e}^0)}{\sqrt{1^2+0^2}}=\ln 2$.

例 9 讨论下列函数的连续性：

$$Z=\begin{cases}\dfrac{x^2y}{x^4+y^2}, & x,y\text{不同时为零}\\ 0. & x=y=0\end{cases}$$

分析：由于 y 与 x 同阶时分子、分母同阶，所以可选用 $y=Kx^2$ 路线加以讨论.

解：$\lim\limits_{x\to 0}\dfrac{x^2y}{x^4+y^2}=\lim\limits_{x\to 0}\dfrac{x^2Kx^2}{x^4+(Kx^2)^2}=\dfrac{K}{1+K^2}$.

∵ K 的不同可以解得不同的极限值，

∴ 原极限 $\lim\limits_{x\to 0}\dfrac{x^2y}{x^4+y^2}$ 不存在，

∴ Z 在（0，0）不连续.

例 10 设 $f(x,y)=x^3-2x^2y+3y^4$，求 $f_x'(x,y)$，$f_y'(x,y)$，$f_x'(1,1)$，$f_y'(1,-1)$.

解：关于 x 的偏导，只需将 y 视为常量，对 x 求导；求关于 y 的偏导，只需将 x 视为常量，对 y 求导即可.

$$f_x'(x,y)=(x^3-2x^2y+3y^4)_x'=3x^2-4xy,$$
$$f_y'(x,y)=(x^3-2x^2y+3y^4)_y'=-2x^2+12y^3,$$
$$f_x'(1,1)=3\times 1^2-4\times 1\times 1=-1,$$
$$f_y'(1,-1)=-2\times 1^2+12\times(-1)^3=-14.$$

例 11 求下列函数的偏导数：

（1）$Z=\arctan\sqrt{x^y}$；（2）$Z=\dfrac{\mathrm{e}^{xy}}{\mathrm{e}^x+\mathrm{e}^y}$.

解：（1）$\dfrac{\partial Z}{\partial x}=\dfrac{1}{1+(\sqrt{x^y})^2}.\dfrac{y.x^{y-1}}{2\sqrt{x^y}}=\dfrac{y\sqrt{x^y}}{2x(1+x^y)}$，

$$\frac{\partial Z}{\partial y}=\frac{1}{1+(\sqrt{x^y})^2}.\left(x^{\frac{y}{2}}\right)_y'=\frac{1}{1+x^y}.\frac{1}{2}x^{\frac{y}{2}}\ln x=\frac{\sqrt{x^y}\ln x}{2(1+x^y)}.$$

（2）$\dfrac{\partial Z}{\partial x}=\dfrac{y\mathrm{e}^{xy}(\mathrm{e}^x+\mathrm{e}^y)-\mathrm{e}^x.\mathrm{e}^{xy}}{(\mathrm{e}^x+\mathrm{e}^y)^2}=\dfrac{\mathrm{e}^{xy}[y(\mathrm{e}^x+\mathrm{e}^y)-\mathrm{e}^x]}{(\mathrm{e}^x+\mathrm{e}^y)^2}$，

$$\frac{\partial Z}{\partial y}=\frac{\mathrm{e}^{xy}[x(\mathrm{e}^x+\mathrm{e}^y)-\mathrm{e}^y]}{(\mathrm{e}^x+\mathrm{e}^y)^2}.$$

例 12 求$z=x^2+y^2-xy+1$的各个二阶偏导数.

解： $z_x'=(x^2)_x'+(y^2)_x'-(xy)_x'+1_x'$

$=2x+0-y+0$

$=2x-y$,

$z_y'=(x^2)_y'+(y^2)_y'-(xy)_y'+1_y'$

$=0+2y-x+0$

$=2y-x$,

$$z_{xx}''=(z_x')_x'=(2x-y)_x'=(2x)_x'-y'_x=2-0=2,$$
$$z_{xy}''=(z_x')_y'=(2x-y)_y'=(2x)_y'-y'_y=0-1=-1,$$
$$z_{yx}''=(z_y')_x'=(2y-x)_x'=(2y)_x'-(x)'_x=0-1=-1,$$
$$z_{yy}''=(z_y')_y'=(2y-x)_y'=(2y)_y'-(x)'_y=2-0=2.$$

例 13 有两种商品，其需求函数分别为$Q_1=200-2P_1^{\ 2}-0.3P_2^{\ 2}$，$Q_2=250-0.2P_1^2-3P_2^{\ 2}$. 试讨论两种商品间是怎样的关系.

解： 因为偏边际需求函数为$\dfrac{\partial Q_1}{\partial P_2}=-0.6P_2<0$，$\dfrac{\partial Q_2}{\partial P_1}=-0.4P_1<0$，所以这两种商品是互补商品.

例 14 求需求函数$Q_1=1000P_1^{-\frac{1}{2}}P_2^{\frac{1}{5}}$在点$(P_1,P_2)=(4,32)$上需求的直接价格偏弹性 E_{11} 和交叉价格偏弹性 E_{12}.

解： 当 P_1=4，P_2=32 时，

$$Q_1=1000P_1^{-\frac{1}{2}}P_2^{\frac{1}{5}}=1000\times\frac{1}{2}\times2=1000，$$

由 $\dfrac{\partial Q_1}{\partial P_1}=-500P_1^{-\frac{3}{2}}P_2^{\frac{1}{5}}$，$\dfrac{\partial Q_1}{\partial P_2}=200P_1^{-\frac{1}{2}}P_2^{-\frac{4}{5}}$，所以

$$E_{11}\bigg|_{\substack{P1=4\\P2=32}}=\frac{P_1}{Q_1}\bullet\frac{\partial Q_1}{\partial P_1}\bigg|_{\substack{P1=4\\P1=32}}=\frac{4}{1000}\times\left(-500\times\frac{1}{8}\times2\right)=-\frac{1}{2},$$

$$E_{12}\bigg|_{\substack{P1=4\\P2=32}}=\frac{P_2}{Q_1}\bullet\frac{\partial Q_1}{\partial P_2}\bigg|_{\substack{P1=4\\P2=32}}=\frac{32}{1000}\times\left(200\times\frac{1}{2}\times\frac{1}{16}\right)=-\frac{1}{5}.$$

例 15 某公司每周生产 x 单位 A 产品和 y 单位 B 产品，其成本为

$$C(x,y)=x^2+2xy+2y^2+1000,$$

产品 A,B 的单位售价分别为 200 元和 300 元.假设两种产品均很畅销，试求使公司获得最大利润的这两种产品的生产水平及相应的最大利润.

解：依题意，公司的收益函数为

$$R(x,y)=200x+300y,$$

因此，公司的利润函数为

$$\begin{aligned}P(x,y)&=R(x,y)-C(x,y)\\&=200x+300y-x^2-2xy-2y^2-1000.\end{aligned}$$

令 $\begin{cases}P_x'(x,y)=200-2x-2y=0,\\P_y'(x,y)=300-2x-4y=0,\end{cases}$ 得驻点 $(50,50)$.

因为利润函数驻点唯一，由此可见，当产品 A,B 的周产量均为 50 个单位时，公司可获得最大利润，其最大利润为

$$P(50,50)=11\,500\text{（元）}$$

例 16　设生产某产品的数量 Z 与所用两种原料 A、B 的数量 x,y 有如下关系：

$$z=0.005x^2y,$$

现打算用 150 元购买原料，已知 A、B 原料的单价分别为 1 元，2 元. 问购进两种原料各多少时，才可使生产数量最多？

解：目标函数 $z=0.005x^2y$，

约束条件为 $x+2y=150$，

辅助函数为 $F(x,y,\lambda)=0.005x^2y+\lambda(x+2y-150)$，

则有 $\begin{cases}F_x'=0.01xy+\lambda,\\F_y'=0.005x^2+2\lambda,\\F_\lambda'=x+2y-150.\end{cases}$

令 $F_x'=0,F_y'=0,F_\lambda'=0$，解得 $\begin{cases}x_0=100,\\y_0=25.\end{cases}$ 由问题性质知道使目标函数最大的函数值存在，因此，此值必为 $z(100,25)$，即当购进原料 A、B 分别为 100，25 个单位时，可使生产的数量最多.

例 17　计算下列定积分：

（1）$\int_1^2\left(x+\frac{1}{x}\right)\mathrm{d}x$；（2）$\int_0^\pi\cos^2\frac{x}{2}\mathrm{d}x$；　（3）$\int_{\frac{1}{e}}^{e}|\ln x|\mathrm{d}x$.

解：（1）$\int_1^2\left(x+\frac{1}{x}\right)\mathrm{d}x=\int_1^2x\mathrm{d}x+\int_1^2\frac{1}{x}\mathrm{d}x=\frac{1}{2}x^2\Big|_1^2+\ln x\Big|_1^2=\frac{3}{2}+\ln 2.$

（2） $\int_0^{\pi}\cos^2\frac{x}{2}\mathrm{d}x=\int_0^{\pi}\frac{1+\cos x}{2}\mathrm{d}x=\frac{1}{2}\int_0^{\pi}(1+\cos x)\mathrm{d}x=\frac{1}{2}(x+\sin x)\Big|_0^{\pi}=\frac{\pi}{2}$.

（3）因为 $|\ln x|=\begin{cases}-\ln x & \frac{1}{\mathrm{e}}\leqslant x<1,\\ \ln x & 1\leqslant x\leqslant \mathrm{e},\end{cases}$，

利用积分区间的可加性得到

$$\int_{\frac{1}{\mathrm{e}}}^{\mathrm{e}}|\ln x|\mathrm{d}x=-\int_{\frac{1}{\mathrm{e}}}^{1}\ln x\mathrm{d}x+\int_1^{\mathrm{e}}\ln x\mathrm{d}x,$$

其中第一个积分为 $\int_{\frac{1}{\mathrm{e}}}^{1}\ln x\mathrm{d}x=(x\ln x)\Big|_{\frac{1}{\mathrm{e}}}^{1}-\int_{\frac{1}{\mathrm{e}}}^{1}\frac{x}{x}\mathrm{d}x$

$$=\frac{1}{\mathrm{e}}-1+\frac{1}{\mathrm{e}}=\frac{2}{\mathrm{e}}-1,$$

第二个积分为 $\int_1^{\mathrm{e}}\ln x\mathrm{d}x=x\ln x\Big|_1^{\mathrm{e}}-\int_1^{\mathrm{e}}\mathrm{d}x=\mathrm{e}-\mathrm{e}+1=1$，

最后结果为 $\int_{\frac{1}{\mathrm{e}}}^{\mathrm{e}}|\ln x|\mathrm{d}x=-\int_{\frac{1}{\mathrm{e}}}^{1}\ln x\mathrm{d}x+\int_1^{\mathrm{e}}\ln x\mathrm{d}x=1-\frac{2}{\mathrm{e}}+1=2-\frac{2}{\mathrm{e}}$.

用 Mathematica 软件计算如图 4-3 所示.

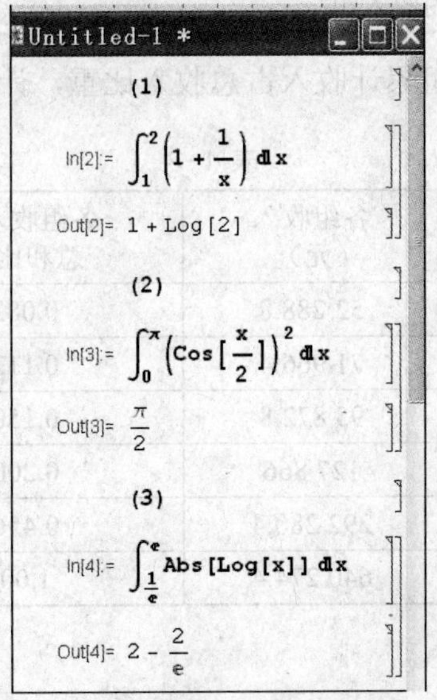

图 4-3

例 18　求曲线 $y=x^2$ 与直线 $y=x$ 围成的图形的面积.

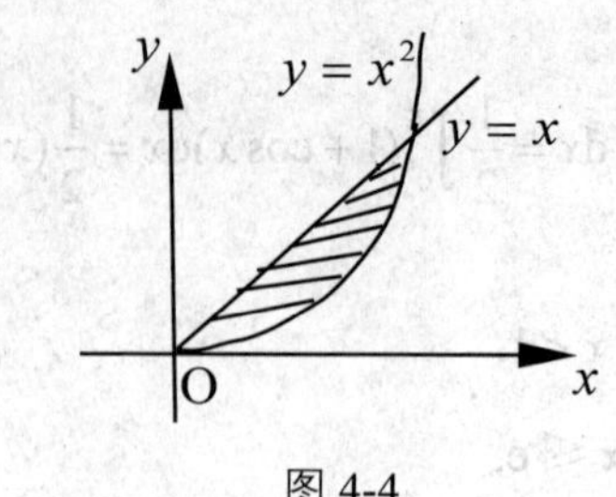

图 4-4

解：$S=\int_0^1 (x-x^2)\mathrm{d}x=\left(\frac{1}{2}x^2-\frac{1}{3}x^3\right)\bigg|_0^1=\frac{1}{6}$.

例 19 根据调查，某年某城市居民家庭按收入水平分组情况抽样数据如表 4-1 所示. 试估计该市的基尼系数.

表 4-1

分　　组	各组收入（元）
最低 20%个人月收入组	52 288.8
中低 20%个人月收入组	71 966.4
中间 20%个人月收入组	95 872.8
中高 20%个人月收入组	127 866
最高 20%个人月收入组	292 280.4

解：计算从第 1 组到第 i 组累计收入占总收入比重，计算结果如表 4-2 所示.

表 4-2

分　　组	各组收入（元）	各组收入占总和比重	累计各组收入占总收入比重
最低 20%个人月收入组	52 288.8	0.082	0.082
中低 20%个人月收入组	71 966.4	0.112	0.194
中间 20%个人月收入组	95 872.8	0.150	0.344
中高 20%个人月收入组	127 866	0.200	0.544
最高 20%个人月收入组	292 280.4	0.456	1.00
合计	640 274.4	1.00	—

基尼系数为

$$G=1-\frac{1}{n}\left(2\sum_{i=1}^{n-1}W_i+1\right)=1-\frac{1}{5}[2(0.082+0.194+0.344+0.544)+1]=0.3344,$$

所以，该市的基尼系数大约是 0.3344.

例 20 某产品生产 x 个单位时的边际收入

$$R'(x)=200-\frac{x}{100}(x\geqslant 0).$$

（1）求生产了 50 个单位时的总收入；

（2）如果已生产了 100 个单位，求再生产 100 个单位时的总收入.

分析：总收入为边际收入的积分和，求总收入即为求边际收入在规定时间内的定积分.

解：由收入函数 $R(x)$和边际收入 $R'(x)$的关系可得

（1）生产 50 个单位时的总收入为

$$R(50)=\int_0^{50}R'(x)\mathrm{d}x=\int_0^{50}\left(200-\frac{x}{100}\right)\mathrm{d}x=9\,987.5\,.$$

（2）已生产了 100 个单位时后，再生产 100 个单位时的总收入为

$$\int_{100}^{200}R'(x)\mathrm{d}x=\int_{100}^{200}\left(200-\frac{x}{100}\right)\mathrm{d}x=19\,850$$

答：生产 50 个单位时的总收入为 9 987.5；生产了 100 个单位时后，再生产 100 个单位时的总收入为 19 850.

例 21　已知某产品的边际成本 $C'(x)=2$（元/件），固定成本为 0，边际收益 $R'(x)=12-0.02x$，问产量为多少时利润最大？在最大利润产量的基础上再生产 50 件，利润将会发生什么变化？

解：因为边际利润

$$L'(x)=R'(x)-C'(x)=12-0.02x-2=10-0.02x\,,$$

令 $L'(x)=0$，得 $x=500$.

$x=500$ 是唯一驻点，而该问题确实存在最大值. 所以，当产量为 500 件时，利润最大.

当产量由 500 件增加至 550 件时，利润改变量为

$$\Delta L=\int_{500}^{550}(10-0.02x)\mathrm{d}x=(10x-0.01x^2)\Big|_{500}^{550}=500-525=-25\ （元），$$

即利润将减少 25 元.

六、检测题

（一）填空题

1. 设某工厂日收入函数为 $R=R(q)$（q 的单位为台，收入的单位为万元），若已知在 $q=10$ 处的导数为 $R'(10)=12$，则其经济意义是：________.

2. 函数 $y=2x^2-4x+3$ 的弹性 $\dfrac{Ey}{Ex}=$________.

3. 函数 $y=2x^3+3x^2-12x+14$ 在$[-3, 4]$上的最大值和最小值分别为________.

4. 设 $f(x,y)=\dfrac{x-3y}{x^2+y^2}$，则 $f(2,-1)=$________，$f(-1,2)=$________.

5. 已知 $f(x,y)=2x^2+y^2+1$，则 $f(x,2x)=$________.

6. 若 $Z=\mathrm{e}^{xy}+yx^2$，则 $\dfrac{\partial Z}{\partial y}=$________.

7．若 $f(x+y,y)=x^2-y^2$，则 $f(x,y)$=________.

8．当 $f(x,y)$=$5x^2y^3$，则 $f_x'(0,1)=$________.

9．设 $f(x,y)=\ln\left(x+\dfrac{y}{2x}\right)$，则 $f_y'(1,0)=$________.

10．设 $z=x^y$，则 $\dfrac{\partial z}{\partial x}=$________，$\dfrac{\partial z}{\partial y}=$________.

11．已知 $f(x)$的一个原函数为 e^{-x}，则 $f(x)$=________.

12．$\left[\int_1^5 (x^2+\mathrm{e}^x)\mathrm{d}x\right]'=$________.

13．$\int_3^3 \dfrac{x^2}{x^2+1}\mathrm{d}x=$________.

14．设 $f(x)$ 在$[a,b]$上连续，则 $\int_a^b f(x)\mathrm{d}x-\int_a^b f(t)\mathrm{d}t$ =________.

15．定积分 $\int_0^1 \mathrm{e}^x\mathrm{d}x=$________.

16．设 $\int_1^x (2t-1)\mathrm{d}t=6$，则 x=________.

17．若广义积分 $\int_0^{+\infty}\dfrac{k}{1+x^2}\mathrm{d}x=1$，其中 k 为常数，则 $k=$________.

18．用 Mathematica 软件计算定积分 $\int_1^3 |x-2|\mathrm{d}x$ 的输入格式是________.

（二）选择题

1．用 Mathematica 软件求极限 $\lim\limits_{x\to 7}\dfrac{2-\sqrt{x-3}}{x^2-49}$，下面输入的内容正确的是（　　）.

A．$\text{Limit}[(2-\sqrt{x-3})/(x^2-49);x\to 7]$

B．$\text{Limit}((2-\sqrt{x-3})/(x^2-49),x\to 7)$

C．$\text{Limit}[(2-\sqrt{x-3})/(x^2-49);x\to 7]$

D．$\text{Limit}[(2-\sqrt{x-3})/(x^2-49),x\to 7]$

2． 用 Mathematica 求函数 $f(x)$=x^3 在 x=1 处的导数值 $f'(1)$，在 Mathematica 窗口中输入内容正确的是（　　）.

A．$\text{D}[x^3,x]/,x\to 1$　　　　B．$\text{D}[x^3,x]/;x\to 1$

C．$\text{D}[x^3,x]/.x\to 1$　　　　D．$\text{D}[x^3,x]/x\to 1$

3．市场上某商品的需求量 q 与其价格 p 有函数关系 q=$q(p)$，可计算得在 p=5 时 q 对 p 的需求弹性为 $\left.\dfrac{Eq}{Ep}\right|_{p=5}=-1$，则（　　）.

A．表明在 p=5 元价格水平下，当价格增加 1%时，该商品的需求量下降 1%

B．表明在 p=5 元价格水平下，当价格增加 1%时，该商品的需求量下降 100%

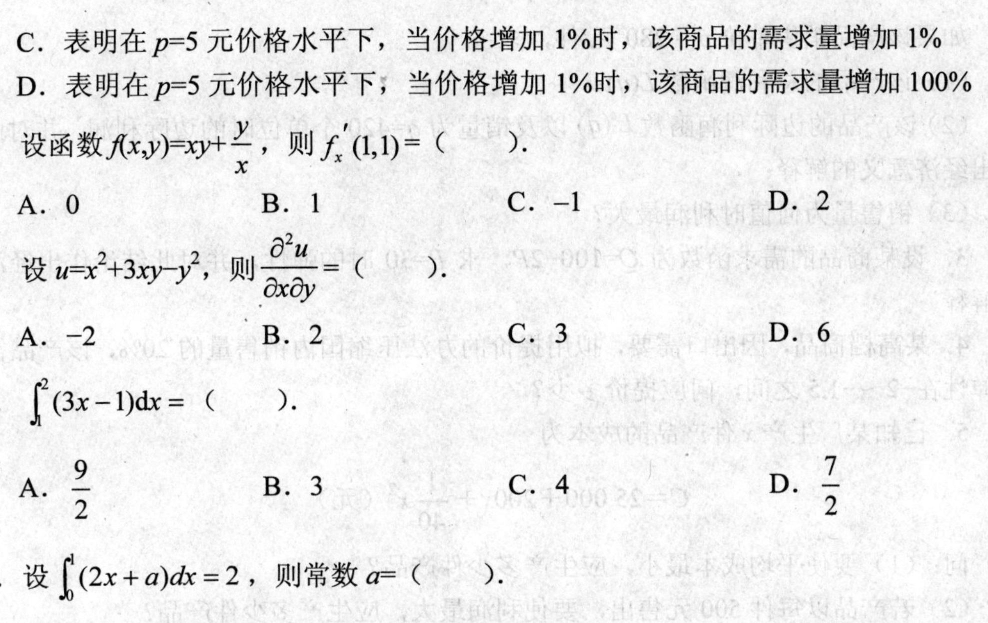

C．表明在 p=5 元价格水平下，当价格增加 1%时，该商品的需求量增加 1%

D．表明在 p=5 元价格水平下，当价格增加 1%时，该商品的需求量增加 100%

4．设函数 $f(x,y)=xy+\dfrac{y}{x}$，则 $f_x'(1,1)$=（　　）．

A．0　　B．1　　C．−1　　D．2

5．设 $u=x^2+3xy-y^2$，则 $\dfrac{\partial^2 u}{\partial x\partial y}$=（　　）．

A．−2　　B．2　　C．3　　D．6

6．$\int_1^2(3x-1)\mathrm{d}x=$（　　）．

A．$\dfrac{9}{2}$　　B．3　　C．4　　D．$\dfrac{7}{2}$

7．设 $\int_0^1(2x+a)dx=2$，则常数 a=（　　）．

A．−1　　B．0　　C．$\dfrac{1}{2}$　　D．1

8．若 $F(x)$是 $f(x)$的一个原函数，则下列等式成立的是（　　）．

A．$\int_a^x f(x)\mathrm{d}x=F(x)$　　B．$\int_a^x f(x)\mathrm{d}x=F(x)-F(a)$

C．$\int_a^b F(x)\mathrm{d}x=f(b)-f(a)$　　D．$\int_a^b f'(x)\mathrm{d}x=F(b)-F(a)$

9．广义积分 $\int_1^{+\infty}\dfrac{\mathrm{d}x}{\sqrt{x}}$（　　）．

A．收敛　　B．发散　　C．敛散性不能确定　　D．收敛于 1

10．下列广义积分中，收敛的是（　　）．

A．$\int_1^{\infty}\sqrt{x}\mathrm{d}x$　　B．$\int_1^{\infty}\dfrac{1}{\sqrt{x}}\mathrm{d}x$　　C．$\int_1^{\infty}\dfrac{1}{x}\mathrm{d}x$　　D．$\int_1^{\infty}\dfrac{1}{x^2}\mathrm{d}x$

（三）分析解答题

1．一企业某产品的日生产能力为 500 台，每日产品的总成本 C（单位：元）是日产量 q（单位：台）的函数

$$C(q)=400+2q+5\sqrt{q},q\in[0,500].$$

求：（1）当产量为 400 台时的总成本；

（2）当产量为 400 台时的平均成本；

（3）当产量从 400 台增加到 484 台时总成本的平均变化率；

（4）当产量为 400 台时的边际成本．

2．设生产 q 件某产品的总成本函数为

$$C(q)=1500+34q+0.3q^2,$$

如果该产品销售单价 $p=280$ 元/件，求：

（1）该产品的总利润函数 $L(q)$；

（2）该产品的边际利润函数 $L'(q)$ 以及销量为 $q=420$ 个单位时的边际利润，并对此结论作出经济意义的解释；

（3）销售量为何值时利润最大？

3．设某商品的需求函数为 $Q=100-2P$，求 $P=30$ 时的弹性，并对此结论作出经济意义的解释．

4．某高档商品，因出口需要，拟用提价的办法压缩国内销售量的 20%，该产品需求价格弹性在−2～−1.5 之间，问应提价多少？

5．已知某厂生产 x 件产品的成本为

$$C=25\,000+200x+\frac{1}{40}x^2\text{（元）}$$

问：（1）要使平均成本最小，应生产多少件产品？

（2）若产品以每件 500 元售出，要使利润最大，应生产多少件产品?

6．求下列函数的极限：

（1）$\lim\limits_{(x,y)\to(0,2)}\dfrac{\sin(xy)}{x}$；

（2）$\lim\limits_{(x,y)\to(0,\ 0)}\dfrac{\sqrt{xy+1}-1}{xy}$；

（3）$\lim\limits_{(x,y)\to(1,2)}\dfrac{x+y}{xy}$．

7．讨论下列函数的连续性

$$f(x,y)=\begin{cases}\dfrac{xy}{\sqrt{x^2+y^2}}, & (x,y)\neq(0,0),\\ 0, & (x,y)=(0,0).\end{cases}$$

8．求 $z=x^2+3xy+y^2$ 在点(1, 2)处的偏导数．

9．求 $z=x^2\sin 2y$ 的偏导数．

10．设 $f(x,y)=x+y-\sqrt{x^2+y^2}$，求 $f'_x(3,4)$，$f'_y(0,5)$．

11．设 $z=x^3y^2-3xy^3-xy+1$，求 $\dfrac{\partial^2 z}{\partial x^2}$，$\dfrac{\partial^3 z}{\partial x^3}$，$\dfrac{\partial^2 z}{\partial y\partial x}$ 和 $\dfrac{\partial^2 z}{\partial x\partial y}$．

12．假定某企业某种产品的生产函数为

$$Q=Q(K,L)=300K^{\frac{1}{2}}L^{\frac{2}{3}},$$

其中，Q 表示产量（单位：kg），K, L 分别表示资产投入（单位：百元）和劳动力投入（单位：百元），求当 $K=16$，$L=27$ 时的边际产量，并解释其经济意义．

13．某商品其需求函数为

$$Q = a\mathrm{e}^{-bP+cP_1}(a,b,c>0),$$

其中 P 为该商品的价格，P_1 为另一相关商品的价格，试讨论两种商品间是怎样的关系.

14．已知某商品的需求量 Q_1 是自身价格 p_1 和另一相关商品价格 p_2 的函数，且

$$Q_1 = 150-2p_1+10p_2,$$

求当 $p_1=15$，$p_2=10$ 时，需求量 Q_1 的直接价格偏弹性和交叉价格偏弹性.

15．某家具公司根据最近几年的生产情况得出该公司每年获得利润可以用下式表示

$$L(x,y) = -22x^2+22xy-11y^2+110x-44y-23,$$

这里 x（以千件为单位）表示依正常销售渠道销售的家具，y（以千件为单位）表示按投标形式销售的家具. $L(x,y)$表示每年获得利润（以万元为单位）. 试求当 x,y 为何值时取到最大利润，并求该最大值.

16．某化妆品公司计划通过报纸和电视台做化妆品的促销广告.根据统计资料，销售收入 R 与报纸广告费用（百万元）和电视广告费用（百万元）之间有如下关系：

$$R = 15+14x+32y-8xy-2x^2-10y^2$$

（1）若不限制广告费的支出，求最佳广告策略.

（2）若可供使用的广告费为 150 万元，求相应的最佳广告策略.

17．求表面积为 a^2 而体积为最大的长方体的体积.

18．求下列定积分：

（1）$\int_1^5 (2x^2-5)\mathrm{d}x$；

（2）$\int_0^1 \sqrt{x}\mathrm{d}x$；

（3）$\int_0^{2\pi} \sqrt{1-\cos 2x}\mathrm{d}x$.

19．求曲线 $y=x^2-1$ 与 $y=x+1$ 围成的图形的面积.

20．求由曲线 $y=x^2$ 与 $y=2-x^2$ 围成的图形的面积.

21．设生产某产品的总成本函数为 $C(x)=5+x$(万元)，其中 x 为产量，单位为百吨. 销售 x 百吨时的边际收入为 $R'(x)=11-2x$（万元/百吨），求：

（1）利润最大时的产量；

（2）在利润最大时的产量的基础上再生产 1 百吨，利润会发生什么变化？

22．投产某产品的固定成本为 36（万元），且边际成本为 $C'(x)=2x+40$（万元/百台）. 试求产量由 4 百台增至 6 百台时总成本的增量，以及产量为多少时，平均成本达到最低？

23．某食品厂生产某种食品的边际成本 $C'(x)=2$（元/件）（固定成本为 $C(0)=0$ 元），边际收入函数为 $R'(x)=20-0.02x$（元/件），求：

（1）产量 x 为多少时总利润 L 最大？

（2）利润函数 $L(x)$.

七、检测题参考答案

（一）填空题

1．在日销售为 10 台的基础上，再销售 1 台产品，收入增加 12 万元

2．$\dfrac{4x^2-4x}{2x^2-4x+3}$

3．142，7

分析：$f'(x)=6x^2+6x-12$，解方程 $f'(x)=0$，得 $x_1=-2, x_2=1$；由于 $f(-3)=23$；$f(-2)=34$；$f(1)=7$；$f(4)=142$；

因此函数 $y=2x^3+3x^2-12x+14$ 在$[-3,4]$上的最大值为$f(4)=142$，最小值为$f(1)=7$.

4．1，$-\dfrac{7}{5}$

5．$6x^2+1$

6．$xe^{xy}+x^2$

7．x^2-2xy

8．0

9．$\dfrac{1}{2}$

10．$yx^{y-1}, x^y\ln x$

11．$-e^{-x}$

12．0

13．0

14．0

15．e−1

16．3

17．$\dfrac{2}{\pi}$

18．$\int_1^3 \text{Abs}[x-2]\mathrm{d}x$

（二）选择题

1．D　2．C　3．A　4．A　5．C　6．D　7．D

8．B　9．B　10．D

（三）分析解答题

1．解：（1）当产量为 400 台时，总成本为

$$C(400)=400+2\times400+5\times\sqrt{400}=1300\text{（元）}.$$

（2）当产量为 400 台时，平均成本为

$$\frac{C(400)}{400}=\frac{1300}{400}=3.25\text{（元/台）}.$$

（3）当产量从 400 台增加到 484 台时总成本的平均变化率为

$$\frac{\Delta C}{\Delta q}=\frac{C(484)-C(400)}{484-400}=\frac{1478-1300}{84}\approx2.119\text{（元/台）}.$$

（4）当产量为 400 台时的边际成本为

$$C'(q)=\left(400+2q+5\sqrt{q}\right)'=2+\frac{5}{2\sqrt{q}},$$

$$C'(400)=2+\frac{5}{2\sqrt{400}}=2.125\text{（元/台）}.$$

2．解：（1）由已知可得总收入函数：$R(q)=pq=280q$，因此总利润函数为

$$\begin{aligned}L(q)=R(q)-C(q)&=280q-1500-34q-0.3q^2\\&=-1500+246q-0.3q^2.\end{aligned}$$

（2）该产品的边际利润函数为

$$L'(q)=246-0.6q,$$

$$L'(420)=246-0.6\times420=-6.$$

这说明，销售量达到 420 件时，多销售一件该产品，总利润会减少 6 元.

（3）令 $L'(q)=0$，解得 q=410（件），所以当销售量 q=410 件时，获利最大.

3．解：$Q'=-2$，

$$\frac{E_Q}{E_P}=Q'\cdot\frac{P}{Q}=-2\times\frac{P}{100-2P}=\frac{2P}{2P-100},$$

$$\left.\frac{E_Q}{E_P}\right|_{P=30}=\frac{2\times30}{2\times30-100}=-1.5.$$

说明：当 P=30 时，价格变化 1%，引起的需求量变化为 1.5%. 即需求量变化程度大于价格的变化程度，此弹性较大，或需求量对价格变化反应较大. 所求弹性带有负号，是指需求量与价格反向变化. 此时，可以说在 P=30 处，价格上涨（下跌）1%，引起需求量下降（上升）1.5%.

4．解：因为 $\frac{\Delta Q}{Q}\approx E_p\frac{\Delta P}{P}$，

则 $\frac{\Delta P}{P}\approx\frac{\frac{\Delta Q}{Q}}{E_P}$.

又因为 $\frac{\Delta Q}{Q}=-20\%$，

则当 E_p=−2 时，$\frac{\Delta P}{P}\approx\frac{-20\%}{-2}=10\%$；

当 E_p=−1.5 时，$\frac{\Delta P}{P}\approx\frac{-20\%}{-1.5}\approx13.3\%$. 所以应提价 10%～13.3%.

5．解：（1）设平均成本为 y，则

$$y=\frac{25\,000}{x}+200+\frac{x}{40},$$

由 $y'=-\dfrac{25\,000}{x^2}+\dfrac{1}{40}$，令 $y'=0$，解得 $x_1=1000$，$x_2=-1\,000$（舍去），

所以当 $x=1\,000$ 时，y 取得最小值，因此，要使平均成本最小，应生产 1 000 件产品.

（2）$L(x)=500x-(25\,000+200x+\dfrac{x^2}{40})=300x-\dfrac{x^2}{40}-25\,000$

由 $L'(x)=300-\dfrac{x}{20}$，令 $L'(x)=0$，解得 $x=6\,000$

所以当 $x=6000$ 时，L 最大．因此，要使利润最大，应生产 6000 件产品.

6．解：（1）$\lim\limits_{(x,y)\to(0,2)}\dfrac{\sin(xy)}{x}=\lim\limits_{(x,y)\to(0,2)}\dfrac{\sin(xy)}{xy}\cdot y$

$$=\lim_{(x,y)\to(0,2)}\frac{\sin(xy)}{xy}\cdot\lim_{(x,y)\to(0,2)}y=1\times 2=2.$$

（2）$\lim\limits_{(x,y)\to(0,\ 0)}\dfrac{\sqrt{xy+1}-1}{xy}=\lim\limits_{(x,y)\to(0,\ 0)}\dfrac{(\sqrt{xy+1}-1)(\sqrt{xy+1}+1)}{xy(\sqrt{xy+1}+1)}$

$$=\lim_{(x,y)\to(0,\ 0)}\frac{1}{\sqrt{xy+1}+1}=\frac{1}{2}.$$

（3）$\lim\limits_{(x,y)\to(1,2)}\dfrac{x+y}{xy}=f(1,2)=\dfrac{3}{2}$.

7．解：在 $(x,y)\neq(0,0)$ 处，$f(x,y)$ 为初等函数，故连续.又

$$0\leqslant\frac{|xy|}{\sqrt{x^2+y^2}}\leqslant\frac{1}{2}\frac{x^2+y^2}{\sqrt{x^2+y^2}}=\frac{1}{2}\sqrt{x^2+y^2},\quad x^2+y^2\geqslant 2|xy|$$

由夹逼准则得

$$\lim_{\substack{x\to 0\\ y\to 0}}\frac{xy}{\sqrt{x^2+y^2}}=0=f(0,0),$$

所以 $f(x,y)$ 在（0,0）处连续.

故函数在全平面连续.

8．解：$\dfrac{\partial z}{\partial x}=2x+3y$，$\dfrac{\partial z}{\partial y}=3x+2y$.

$$\left.\frac{\partial z}{\partial x}\right|_{\substack{x=1\\ y=2}}=2.1+3.2=8,\quad \left.\frac{\partial z}{\partial y}\right|_{\substack{x=1\\ y=2}}=3.1+2.2=7.$$

9．解：为求 $\dfrac{\partial z}{\partial x}$，视 y 为常数，对 x 求导，得 $\dfrac{\partial z}{\partial x}=2x^2\sin 2y$，

为求 $\dfrac{\partial z}{\partial y}$，视 x 为常数，对 y 求导，得 $\dfrac{\partial z}{\partial y}=2x^2\cos 2y$.

10．解：
$$f_x'(x,y)=1-\frac{2x}{2\sqrt{x^2+y^2}}=1-\frac{x}{\sqrt{x^2+y^2}},$$

$$f_y'(x,y)=1-\frac{2y}{2\sqrt{x^2+y^2}}=1-\frac{y}{\sqrt{x^2+y^2}},$$

所以
$$f_x'(3,4)=1-\frac{3}{5}=\frac{2}{5},\quad f_y'(0,5)=1-1=0\,.$$

11．解：
$$\frac{\partial z}{\partial x}=3x^2y^2-3y^3-y\,,\quad \frac{\partial z}{\partial y}=2x^3y-9xy^2-x\,;$$

$$\frac{\partial^2 z}{\partial x^2}=6xy^2\,,\quad \frac{\partial^3 z}{\partial x^3}=6y^2\,;$$

$$\frac{\partial^2 z}{\partial x\partial y}=6x^2y-9y^2-1\,,\quad \frac{\partial^2 z}{\partial y\partial x}=6x^2y-9y^2-1\,.$$

12．解：产量 Q 对资本 K 的边际产量为 $\dfrac{\partial Q}{\partial K}=150\dfrac{L^{\frac{2}{3}}}{K^{\frac{1}{2}}}$，

产量 Q 对劳动力 L 的边际产量为 $\dfrac{\partial Q}{\partial L}=200\dfrac{K^{\frac{1}{2}}}{L^{\frac{1}{3}}}$

当 $K=16$，$L=27$ 时，$\dfrac{\partial Q}{\partial K}=150\cdot\dfrac{27^{\frac{2}{3}}}{16^{\frac{1}{2}}}=337.5$，$\dfrac{\partial Q}{\partial L}=200\cdot\dfrac{16^{\frac{1}{2}}}{27^{\frac{1}{3}}}=\dfrac{800}{3}\approx 266.667$，

$\dfrac{\partial Q}{\partial K}=337.5$ 表示当投入的资本为 1600 元，投入的劳动力是 2700 元时，若投入的资本增加 100 元（投入的劳动力不变），则产量将增加 337.5kg；$\dfrac{\partial Q}{\partial L}=266.667$ 表示当投入的资本为 1600 元，投入的劳动力是 2700 元时，若投入的劳动力增加 100 元（投入的资产不变），则产量将增加 266.667kg.

13．解：由 $\dfrac{\partial Q}{\partial P_1}=ace^{-bP+cP_1}>0$ 知，这两种商品是替代商品.

14．解：因为 $\dfrac{\partial Q_1}{\partial p_1}=-2$，　　$\dfrac{\partial Q_1}{\partial p_2}=10$，

又当 $p_1=15$，$p_2=10$ 时，$Q_1=150-2\times15+10\times10=220$.

所以，需求量 Q_1 的直接价格偏弹性为

$$\frac{EQ_1}{Ep_1}=\frac{p_1}{Q_1}\cdot\frac{\partial Q_1}{\partial p_1}=\frac{15}{220}\times(-2)\approx-0.136,$$

需求量 Q_1 的交叉价格偏弹性为

$$\frac{EQ_1}{Ep_2}=\frac{p_2}{Q_1}\cdot\frac{\partial Q_1}{\partial p_2}=\frac{10}{220}\times 10\approx 0.455.$$

15．解：求使偏导数等于 0 的点，即求 $L(x,y)$的驻点

$$L'_x(x,y)=-44x+22y+110=0,$$

$$L'_y(x,y)=22x-22y-44=0.$$

解上述两个方程组成的方程组得唯一驻点(3,1)．根据问题的实际意义，$L(x,y)$在驻点(3,1)处取得最大值 $L(3,1)=120$(万元).

16．解：

（1）因为纯销售收入=销售收入-广告费支出，因此该公司的纯销售收入为

$$\begin{aligned}f(x,y)&=15+14x+32y-8xy-2x^2-10y^2-(x+y)\\&=15+13x+31y-8xy-2x^2-10y^2\end{aligned}$$

于是，原问题转化为求使得该函数达到最大值时的自变量的取值.显然它是无条件极值问题，令

$$\begin{cases}f'_x=13-8y-4x=0,\\f'_y=31-8x-20y=0,\end{cases}$$

解之得唯一驻点为（0.75,1.25）．即报纸广告费投入 75 万元，电视广告费投入 125 万元为最佳广告策略，此时该公司纯销售收入最高.

（2）如果限定广告费支出为 150 万元.则问题转化为求函数

$$f(x,y)=15+13x+31y-8xy-2x^2-10y^2$$

在条件 $x+y=150$ 限制下的条件极值问题.

构造拉格朗日函数

$$F(x,y,\lambda)=15+13x+31y-8xy-2x^2-10y^2+\lambda\cdot(x+y-1.5)$$

求偏导数，建立方程组得

$$\begin{cases}F'_x=13-8y-4x+\lambda=0,\\F'_y=31-8x-20y+\lambda=0,\\\quad x+y-1.5=0.\end{cases}$$

解之得 $x=0, y=1.5$. 故根据该问题的实际意义知，此时将广告费全部用于电视广告，可使得该公司获得最大的纯销售收入.

17．解：设长方体的三条棱的长分别为 x, y, z，则问题就是在条件

$$2(xy+yz+xz)=a^2$$

下求函数 $V=xyz$ 的最大值.

构成辅助函数 $F(x,y,z)=xyz+\lambda(2xy+2yz+2xz-a^2)$,

解方程组

$$\begin{cases} F_x(x,y,z) = yz + 2\lambda(y+z) = 0, \\ F_y(x,y,z) = xz + 2\lambda(x+z) = 0, \\ F_z(x,y,z) = xy + 2\lambda(y+x) = 0, \\ 2xy + 2yz + 2xz = a^2. \end{cases}$$

得 $x = y = z = \dfrac{\sqrt{6}}{6}a$，

这是唯一可能的极值点. 因为由问题本身可知最大值一定存在，所以最大值就在这个可能的值点处取得. 此时 $V = \dfrac{\sqrt{6}}{36}a^3$.

18.（1）$\dfrac{188}{3}$；（2）$\dfrac{2}{3}$；（3）$4\sqrt{2}$.

19．解：如图 4-5 所示，$S = \int_{-1}^{2} (x+1-x^2+1)\mathrm{d}x = \left(\dfrac{1}{2}x^2 - \dfrac{1}{3}x^3 + 2x\right)\Big|_{-1}^{2} = \dfrac{9}{2}$.

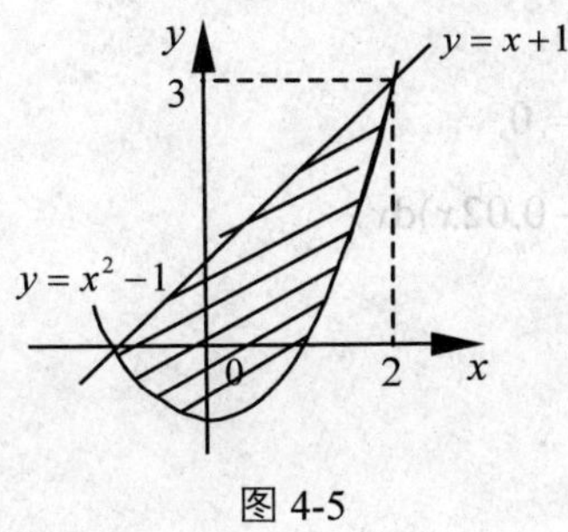

图 4-5

20．解：$\begin{cases} y = x^2, \\ y = 2 - x^2, \end{cases}$ 交点坐标为（1，1）（−1，1）

$$S = 2\int_0^1 (2 - x^2 - x^2)\mathrm{d}x = 2\int_0^1 (2 - 2x^2)\mathrm{d}x = 2\left(2x - \frac{2}{3}x^3\right)\Big|_0^1 = \frac{8}{3}.$$

21．解：（1）因为边际成本为 $C'(x) = 1$，边际利润

$$L'(x) = R'(x) - C'(x) = 10 - 2x,$$

令 $L'(x) = 0$，得 x=5. 可以验证 x=5 为利润函数 $L(x)$的最大值点. 因此，当产量为 5 百吨时利润最大.

（2）当产量由 5 百吨增加至 6 百吨时，利润改变量为

$$\Delta L = \int_5^6 (10 - 2x)\mathrm{d}x = (10x - x^2)\Big|_5^6$$

$$= -1 \text{（万元）}$$

即利润将减少 1 万元.

22．解：当产量由 4 百台增至 6 百台时，总成本的增量为

$$\Delta C=\int_4^6(2x+40)\mathrm{d}x=(x^2+40x)\Big|_4^6=100 \text{（万元）},$$

又 $\overline{C(x)}=\dfrac{\int_0^x C'(x)\mathrm{d}x+c_0}{x}=\dfrac{x^2+40x+36}{x}=x+40+\dfrac{36}{x}$.

令 $\overline{C(x)}'=1-\dfrac{36}{x^2}=0$，解得 $x=6$.

$x=6$ 是唯一的驻点，而该问题确实存在使平均成本达到最小的值. 所以产量为 6 百台时可使平均成本达到最小.

23．解：(1) $\because L(x)=R(x)-C(x)$,

$\therefore L'(x)=R'(x)-C'(x)$,

$=(20-0.02x)-2$

$=18-0.02x$.

令 $L'(x)=0$, 得 $18-0.02x=0, x=900$.

$\therefore$ 当产量 x 为 900 件时，总利润 L 最大.

(2) $L(x)=\int_0^x L'(x)\mathrm{d}x+L(0)$,

$\because L(0)=R(0)-C(0)=0-0=0$,

$\therefore L(x)=\int_0^x L'(x)\mathrm{d}x=\int_0^x(18-0.02x)\mathrm{d}x$

$=(18x-0.01x^2)\Big|_0^x$

$=18x-0.01x^2$.

第五章

随机数学思想方法

一、本章主要内容

（一）随机事件及其概率

1．随机事件

我们所说的试验（即随机试验）都同时具有下列三个特点：

（1）在相同的条件下试验可以重复进行——可重复性；

（2）每次试验的结果具有多种可能性，而且在试验之前可以明确试验的所有可能结果——确定性；

（3）在每次试验之前不能准确地预言该次试验将出现哪一种结果——随机性．

每次（随机）试验中，可能发生也可能不发生的结果称为**随机事件（或偶然事件）**，简称为**事件**．不能分解成其他事件组合的最简单的随机事件称为**基本事件**．每次试验中一定发生的事件称为**必然事件**，用符号Ω表示，每次试验中一定不发生的事件称为**不可能事件**，用符号ϕ表示．

2．事件间的关系及运算

事件的包含：事件A包含于事件B（或事件B包含事件A），记作$A\subset B$或$B\supset A$.表示事件A发生必然导致事件B的发生．

事件的和（或并）：事件A与事件B的和（或并），记作$A+B$或（$A\cup B$）．表示事件A与事件B中至少发生一个这一事件．

事件的积（或交）：事件A与事件B的积（或交），记作AB（或$A\cap B$）．表示事件A与事件B同时发生这一事件．

事件的差：事件A与事件B的差，记作$A-B$．表示事件A发生且事件B不发生这一事件．

注意：$A-B=A\overline{B}=A-AB=(A\cup B)-B$.

互不相容事件（互斥事件）：事件A与事件B互不相容（或互斥）表示事件A与事件B不能同时发生，即$AB=\phi$.

对立事件（逆事件）：事件A的对立事件（或逆事件），记作$\overline{A}$.表示事件A不发生这一事件.

显然有 $A\cup\overline{A}=\Omega$, $A\overline{A}=\Phi$, $\overline{\overline{A}}=A, \overline{A}=\Omega-A$.

3．概率的定义

（1）概率的统计定义：先通过大量观察或重复试验的方法求出某一事件的概率，再根据频率随试验次数变化的趋势来确定该事件的概率.

（2）概率的古典定义：对一项试验，如果只有有限种试验结果 n 并且每一种试验结果出现的可能性相同，而事件 A 由其中的 m 个试验结果组成，那么我们就说事件 A 出现的概率是 $\frac{m}{n}$，记作 $P(A)=\frac{m}{n}$.

4．概率的性质

（1）加法公式　A 与 B 是互斥事件，则 $P(A\cup B)=P(A)+P(B)$.

A 与 B 是相容事件，则 $P(A\cup B)=P(A)+P(B)-P(AB)$.

（2）逆事件的概率　对任一事件 A，都有　$P(\overline{A})=1-P(A)$.

5．事件的独立性

事件 A 与 B 相互独立：其中任一事件发生的概率都不受另一事件是否发生的影响.

若事件 A 与 B 相互独立，则 $P(A\cap B)=P(A)P(B)$.

注意：两个事件相互独立与互斥的不同.

一般地，若 n 个事件 $A_1,A_2,\cdots,A_n$ 相互独立，则

$$P(A_1A_2\cdots A_n)=P(A_1)P(A_2)\cdots P(A_n).$$

（二）随机变量的概率分布及其在管理中的应用

1．随机变量

随机变量是一个变量，这个变量的取值由试验结果，即事件来确定.

我们仅讨论离散型随机变量和连续型随机变量.

2．离散型随机变量的概率分布

设离散型随机变量 X 的所有可能取值为 $x_1,x_2,\cdots,x_n,\cdots$，并且 X 取各个可能值的概率分别为　$P(X=x_k)=p_k$，$(k=1,2,\cdots,n,\cdots)$

则称这个概率表示式为随机变量 X 的概率分布或分布列，简称分布.

离散型随机变量的概率分布具有下列性质：

（1）$p_k\geqslant 0$．$(k=1,2,\cdots,n,\cdots)$

（2）$\sum\limits_k p_k=1$.

常用这两个性质判别给定的数值是否为某一随机变量 X 的概率分布.

二项分布　　如果随机变量 X 的概率分布为

$$P(X=k)=C_n^k p^k(1-p)^{n-k}\quad (k=1,2,\cdots,n)$$

则称随机变量 X 服从二项分布，记作 $X\sim B(n,p)$.

特别地，当 n=1 时， $X \sim B(1,p)$ 就是两点分布.

n 重独立试验中，某一事件发生的次数服从二项分布.

3．连续型随机变量的概率分布

如果存在非负可积函数 $f(x)$ ($x \in \mathbf{R}$)，使得随机变量 X 在$(a,b]$取值的概率为

$$P(a < X \leqslant b) = \int_a^b f(x)\mathrm{d}x\ ,$$

则称 X 为连续型随机变量，$f(x)$称为随机变量 X 的概率密度函数，简称概率密度，记作 $X \sim f(x)$.

注意:（1）概率密度不是概率，它在区间$(a,b]$上的定积分表示随机事件“ $a < X \leqslant b$ ”的概率.

（2）根据概率密度的定义，可用定积分计算随机事件落入某一区间的概率.

（3）对于连续型随机变量 $X, P(X=a)=0,$ 即它取某点的值的概率为 0．但不是说 X 不能取 a，也就是说，概率为零的事件不一定是不可能事件.

均匀分布和正态分布是常见的连续型随机变量，要掌握它们的概率密度及相关的计算方法.

（1）随机变量 X 服从 $[a,b]$ 上的均匀分布，记作 $X \sim U(a,b)$ ，其概率密度函数为

$$f(x) = \begin{cases} \dfrac{1}{b-a}, a \leqslant x \leqslant b \\ 0, \quad 其他 \end{cases}$$

（2）随机变量 X 服从参数为μ, σ^2 的正态分布，记作 $X \sim U(\mu, \sigma^2)$，其概率密度函数为

$$f(x) = \frac{1}{\sigma\sqrt{2\pi}} \mathrm{e}^{-\frac{(x-\mu)^2}{2\sigma^2}}, (-\infty < x < +\infty)\ ,$$

其中 $\mu, \sigma(-\infty < \mu < +\infty, \sigma > 0)$ 是两个常数.

随机变量 X 服从标准正态分布，即 $\mu = 0, \sigma = 1$，记作 $X \sim N(0,1)$ ，其概率密度函数为

$$f(x) = \frac{1}{\sqrt{2\pi}} \mathrm{e}^{-\frac{x^2}{2}}, (-\infty < x < +\infty)\ .$$

若 $X \sim N(\mu, \sigma^2)$，则 $Y = \dfrac{X-\mu}{\sigma} \sim N(0, 1)$.

若 $X \sim N(\mu, \sigma^2)$，则

$$P(X \leqslant x) = P\left(\frac{X-\mu}{\sigma} \leqslant \frac{x-\mu}{\sigma}\right) = \Phi\left(\frac{x-\mu}{\sigma}\right),$$

$$P(x_1 < X \leqslant x_2) = P\left(\frac{x_1-\mu}{\sigma} < \frac{X-\mu}{\sigma} \leqslant \frac{x_2-\mu}{\sigma}\right) = \Phi\left(\frac{x_1-\mu}{\sigma}\right) - \Phi\left(\frac{x_2-\mu}{\sigma}\right),$$

$$\Phi(-x) = 1 - \Phi(x).$$

（三）期望、方差及其在管理中的应用

1．随机变量的数学期望

随机变量的数学期望，简称**期望**或**均值**．记作 $E(X)$，是反映随机变量集中趋势的指标．

（1）离散型随机变量的数学期望

$$E(X)=\sum_{k}x_k p_k,$$

其中离散型随机变量 X 有概率分布：$P(X=x_k)=p_k,(k=1,2,\cdots)$．

（2）连续型随机变量的数学期望

$$E(X)=\int_{-\infty}^{+\infty}xf(x)\mathrm{d}x,$$

其中连续型随机变量 X 有概率密度：$X\sim f(x)$．

2．随机变量的方差

随机变量的方差是反映随机变量离散程度的指标，即反映随机变量取值偏离均值的指标．用 $D(X)$表示，即 $D(X)=E[X-E(X)]^2$．

离散型 $D(X)=\sum_{k=1}^{n}[x_k-E(X)]^2p_k$

连续型 $D(X)=\int_{-\infty}^{+\infty}[x-E(x)]^2f(x)\mathrm{d}x$

3．几种常用的随机变量的分布及其期望和方差

表 5-1

分布名称	分布律或概率密度	均　值	方　差
0—1 分布	$P(X=1)=p,P(X=0)=1-p$ $(0<p<1)$	p	$p(1-p)$
二项分布 $X\sim B(n,p)$	$P(X=k)=\mathrm{C}_n^k p^k(1-p)^{n-k}$ $(k=1,2,\cdots,n,0<p<1)$	np	$np(1-p)$
均匀分布 $X\sim U(a,b)$	$f(x)=\begin{cases}\dfrac{1}{b-a}, & a\leqslant x\leqslant b\\ 0, & 其他\end{cases}$	$\dfrac{a+b}{2}$	$\dfrac{(b-a)^2}{12}$
正态分布 $X\sim N(\mu,\sigma^2)$	$f(x)=\dfrac{1}{\sqrt{2\pi}\sigma}\mathrm{e}^{-\frac{(x-\mu)^2}{2\sigma^2}}$ $(-\infty<x<+\infty,\sigma>0)$	μ	σ^2
标准正态分布 $X\sim N(0,1)$	$\varphi(x)=\dfrac{1}{\sqrt{2\pi}}\mathrm{e}^{-\frac{x^2}{2}}\ (-\infty<x<+\infty)$	0	1

（四）数理统计的基本概念

1．总体与样本

总体：研究对象的全体，常指总体的某一数量指标．在理论上，总体 X 也是随机变量．样

本指的是简单随机样本，也就是样本的每一个个体都是一个随机变量，并且是独立分布的.

2．统计量

统计量就是样本的函数，但是不含未知参数．它是参数估计和假设检验的基础.

3．样本分布的数字特征

常用的是样本均值和样本方差．设 $x_1,x_2,\cdots,x_n$ 是总体 X 的一个样本，则

样本平均值：$\bar{x}=\frac{1}{n}\sum_{i=1}^{n}x_i$，**样本方差**：$s^2=\frac{1}{n-1}\sum_{i=1}^{n}(x_i-\bar{x})^2$

4．几个常用统计量的分布

设 $(x_1,x_2,\cdots,x_n)$ 是来自总体 $X\sim N(\mu,\sigma^2)$ 的一个样本，$\bar{x}$ 是样本平均值，s 是样本标准差，则 ***U* 统计量** $U=\frac{\bar{x}-\mu}{\sigma/\sqrt{n}}\sim N(0,1)$，（其中 μ,σ^2 已知）；

***T* 统计量** $T=\frac{\bar{x}-\mu}{s/\sqrt{n}}\sim t(n-1)$，（其中 μ 已知）；

χ^2 统计量 $\chi^2=\frac{(n-1)s^2}{\sigma^2}=\chi^2(n-1)$，（其中 σ^2 已知）.

（五）参数估计方法

1．常用的点估计

常用的参数点估计是用样本均值作为总体均值的估计，用样本方差作为总体方差的估计.点估计的优点是在于它能够明确地估计总体参数，但该值一般不会等于总体参数的真值．它与真值的误差、估计可靠性无法知道.

2．参数的区间估计

对于总体 X，其未知参数 θ，设 $\theta_1=\theta_1(x_1,x_2,\cdots,x_n)$，$\theta_2=\theta_2(x_1,x_2,\cdots,x_n)$ 是样本的两个统计量，对于给定的 $\alpha(0<\alpha<1)$，如果有 $P(\theta_1<\theta<\theta_2=\ =1-\alpha$，刚称区间 (θ_1,θ_2) 为未知参数 θ 的置信度为 $1-\alpha$ 的**置信区间**，$1-\alpha$ 称为**置信度**或**置信水平**，α 称为检验水平．正态总体参数的置信区间如表 5-2 所示.

表 5-2

待估参数		置信度 $1-\alpha$ 为的置信区间	临界值的确定
μ	σ^2 已知	$\left(\bar{x}-U_{\frac{\alpha}{2}}\times\frac{\sigma}{\sqrt{n}},\bar{x}+U_{\frac{\alpha}{2}}\times\frac{\sigma}{\sqrt{n}}\right)$	由 $\Phi\left(U_{\frac{\alpha}{2}}\right)=1-\frac{\alpha}{2}$ 查标准正态分布表确定临界值 $U_{\frac{\alpha}{2}}$
	σ^2 未知	$\left(\bar{x}-t_{\frac{\alpha}{2}}(n-1)\times\frac{s}{\sqrt{n}},\bar{x}+t_{\frac{\alpha}{2}}(n-1)\times\frac{s}{\sqrt{n}}\right)$	查自由度为 $n-1$ 的 t 态分布确定 $t_{\frac{\alpha}{2}}(n-1)$
σ^2		$\left(\frac{(n-1)s^2}{\chi^2_{\frac{\alpha}{2}}(n-1)},\frac{(n-1)s^2}{\chi^2_{1-\frac{\alpha}{2}}(n-1)}\right)$	查 χ^2 分布表确定 $\chi^2_{1-\frac{\alpha}{2}}(n-1),\lambda_2=\chi^2_{\frac{\alpha}{2}}(n-1)$

注：在大样本情况下，若总体分布未知，且总体方差σ^2也未知，则总体均值的置信度$1-\alpha$的置信区间是$\left(\bar{x}-U_{\frac{\alpha}{2}}\times\frac{s}{\sqrt{n}},\bar{x}+U_{\frac{\alpha}{2}}\times\frac{s}{\sqrt{n}}\right)$.

（六）假设检验方法

1．了解假设检验的基本思想，知道两类错误的含义.

2．一个正态总体的期望和方差的检验

设$(x_1,x_2,\cdots,x_n)$是来自总体$X\sim N(\mu,\sigma^2)$的一个样本.

（1）已知总体方差$\sigma^2=\sigma_0^2$，检验假设$H_0:\mu=\mu_0$的步骤如下.

① 写出待检假设$H_0:\mu=\mu_0$；

② 根据样本数据计算U统计量的值　$U=\frac{\bar{x}-\mu_0}{\sigma_0/\sqrt{n}}$；

③ 根据给定的检验水平α查正态分布表确定临界值$U_{\frac{\alpha}{2}}$，使得$P\left(|U|>U_{\frac{\alpha}{2}}\right)=\alpha$（实际由$\Phi\left(U_{\frac{\alpha}{2}}\right)=1-\frac{\alpha}{2}$查正态分布表确定临界值$U_{\frac{\alpha}{2}}$）；

④ 判断：若U统计量的$|U|>U_{\frac{\alpha}{2}}$，则拒绝H_0，否则接受H_0.

（2）未知总体方差σ^2，检验假设$H_0:\mu=\mu_0$的步骤如下.

① 写出待检假设$H_0:\mu=\mu_0$；

② 根据样本值计算统计量$T=\frac{\bar{x}-\mu_0}{s/\sqrt{n}}$的值；

③ 根据给定的检验水平α和自由度$n-1$查t分布表确定临界值$t_{\frac{\alpha}{2}}(n-1)$，使

$$P\left(|T|>t_{\frac{\alpha}{2}}(n-1)\right)=\alpha；$$

④ 判断：若T统计量的$|T|>t_{\frac{\alpha}{2}}(n-1)$，则拒绝$H_0$，否则接受$H_0$.

（3）检验假设$H_0:\sigma^2=\sigma_0^2$的步骤如下.

① 写出原假设$H_0:\sigma^2=\sigma_0^2$；

② 根据样本值计算统计量$\chi^2=\frac{(n-1)s^2}{\sigma_0^2}$的值；

③ 根据给定的检验水平α和自由度$n-1$，查χ^2分布表确定临界值

$$\lambda_1=\chi^2_{1-\frac{\alpha}{2}}(n-1),\lambda_2=\chi^2_{\frac{\alpha}{2}}(n-1)，使P\left(\chi^2\leqslant\lambda_1\right)=P\left(\chi^2\geqslant\lambda_2\right)=\frac{\alpha}{2}；$$

④ 判断：若 $\chi^2 < \chi^2_{1-\frac{\alpha}{2}}(n-1)$ 或 $\chi^2 > \chi^2_{\frac{\alpha}{2}}(n-1)$，则拒绝 H_0，否则接受 H_0.

正态总体的均值 μ 和方差 σ^2 的检验表如表 5-3 所示.

表 5-3

条　件	H_0	统　计　量	在显著水平 α 下何时拒绝 H_0
σ^2 已知	$\mu=\mu_0$	$U=\dfrac{\overline{x}-\mu_0}{\sigma_0/\sqrt{n}}$	$\lvert U\rvert > U_{1-\frac{\alpha}{2}}$
	$\mu\leqslant\mu_0$		$U > U_{1-\alpha}$
	$\mu\geqslant\mu_0$		$U < -U_{1-\alpha}$
σ^2 未知	$\mu=\mu_0$	$T=\dfrac{\overline{x}-\mu_0}{s/\sqrt{n}}$	$\lvert T\rvert > t_{\frac{\alpha}{2}}(n-1)$
	$\mu\leqslant\mu_0$		$T > T_{1-\alpha}(n-1)$
	$\mu\geqslant\mu_0$		$T < -T_{\alpha}(n-1)$
	$\sigma^2=\sigma_0^2$	$\chi^2=\dfrac{(n-1)s^2}{\sigma_0^2}$	$\chi^2 < \chi^2_{1-\frac{\alpha}{2}}(n-1)$ 或 $\chi^2 > \chi^2_{\frac{\alpha}{2}}(n-1)$
	$\sigma^2\leqslant\sigma_0^2$		$\chi^2 > \chi^2_{\alpha}(n-1)$
	$\sigma^2\geqslant\sigma_0^2$		$\chi^2 < \chi^2_{1-\alpha}(n-1)$

注：在大样本情况下，若总体分布未知，且总体方差 σ^2 也未知，则总体均值的假设检 $H_0:\mu=\mu_0$ 选取统计量 $U=\dfrac{\overline{x}-\mu_0}{s/\sqrt{n}}$，其拒绝域查正态分布表确定.

（七）线性回归分析方法

1．一元线回归方程的建立

设两个变量 x，y 的 n 组观察值为 $(x_i, y_i)(i=1,2,\cdots,n)$，则根据公式 $\begin{cases}\hat{b}=\dfrac{L_{xy}}{L_{xx}},\\ \hat{a}=\overline{y}-\hat{b}\overline{x},\end{cases}$

其中，$\overline{x}=\dfrac{1}{n}\sum\limits_{i=1}^{n}x_i, \overline{y}=\dfrac{1}{n}\sum\limits_{i=1}^{n}y_i$，　　$L_{xy}=\sum\limits_{i=1}^{n}(x_i-\overline{x})(y_i-\overline{y})=\sum\limits_{i=1}^{n}x_iy_i-n\overline{x}\overline{y}$，

$L_{xx}=\sum\limits_{i=1}^{n}(x_i-\overline{x})^2=\sum\limits_{i=1}^{n}x_i^2-n(\overline{x})^2$.

可求得回归直线方程 $\hat{y}=\hat{a}+\hat{b}x$.

2．相关性检验

相关系数：$r=\dfrac{\sum\limits_{i=1}^{n}(x_i-\overline{x})(y_i-\overline{y})}{\sqrt{\sum\limits_{i=1}^{n}(x_i-\overline{x})^2}\sqrt{\sum\limits_{i=1}^{n}(y_i-\overline{y})^2}}=\dfrac{L_{xy}}{\sqrt{L_{xx}}\sqrt{L_{yy}}}$，其中 $L_{yy}=\sum\limits_{i=1}^{n}(y_i-\overline{y})^2$

$$=\sum_{i=1}^{n} y_i^2 - n(\overline{y})^2 .$$

3．利用回归方程进行预测与控制

利用 $\hat{y}=\hat{a}+\hat{b}x$，对给定的 x 可预测 $\hat{y}(=\hat{a}+\hat{b}x)$，给定 y，则可控制 $x=\frac{1}{\hat{b}}(\hat{y}-\hat{a})$.

（八）用 Mathematica 软件进行统计计算

1．用 Mathematica 软件计算二项分布的概率

二项分布的概率公式为 $P(X=k)=\mathrm{C}_n^k p^k (1-p)^{n-k}$，

因为 $\mathrm{C}_n^k=\frac{n(n-1)\cdots(n-k+1)}{k!}=\frac{n!}{k!\times(n-k)!}$，所以，

在计算 $\mathrm{C}_n^k p^k(1-p)^{n-k}$ 时，在 Mathematica 软件的工作窗中直接输入“$\frac{n!}{k!\times(n-k)!}p^k(1-p)^{n-k}$”，然后运行即可；

在计算 $\sum_{k=1}^{m}\mathrm{C}_n^k p^k(1-p)^{n-k}$ 时，在 Mathematica 软件的工作窗中直按输入“$\sum_{k=1}^{m}\frac{n!}{k!\times(n-k)!}p^k(1-p)^{n-k}$”，然后运行即可.

2．用 Mathematica 软件计算样本均值和样本方差

输入调用统计软件包指令“<<Statistics`”，然后输入相应的指令.

Mean[data]　　求 data 的样本平均值 $\overline{x}=\frac{1}{n}\sum_{i=1}^{n}x_i$

Variance[data]　　求 data 的样本方差 $s^2=\frac{1}{n-1}\sum_{i=1}^{n}(x_i-\overline{x})^2$

StandardDeviation[data]　　求样本标准差 $s=\sqrt{\frac{1}{n-1}\sum_{i=1}^{n}(x_i-\overline{x})^2}$

如计算数据 25.7,25.4,25.25,25.35,25.5,25.6,25.1,25.3，的均值和方差，用 Mathematica 软件计算的过程如图 5-1 所示.

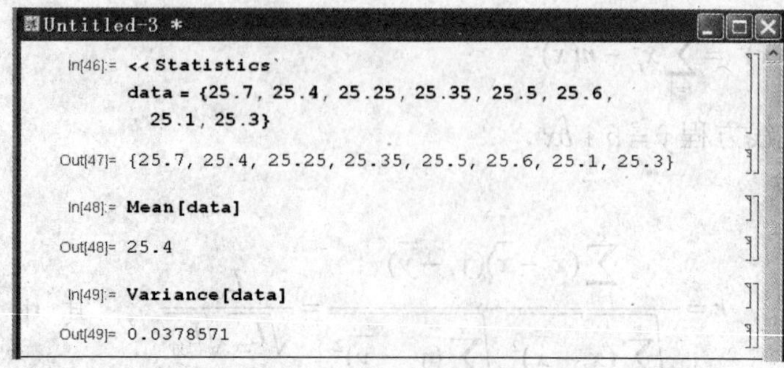

图 5-1

3．用 Mathematica 软件进行回归分析

首先调用统计软件包指令“<<Statistics`”，然后输入有关指令.

① 画散点图指令

ListPlot[数据 data, PlotRange－>{横坐标范围}，{纵坐标范围}]

其中，数据：data = {{x_1,y_1},{x_2,y_2},…, {x_n ,y_n}}，{横坐标范围}={x_{10},x_{20}}, x_{10} = Min{ x_1, x_2, …,x_n},x_{20} = Max{ x_1, x_2, …,x_n}，纵坐标范围类似.

② 一元线性回归方程及分析指令

Regress[数据，{回归函数的简略形式}，自变量]

其中，当回归函数为 $a + bx$ 时，回归函数的简略形式为 1+x，自变量为 x.具体参看例 11.

二、目标要求

1．了解随机事件、概率、独立性等概念.

2．理解事件的关系和运算，知道概率的性质，会解简单的古典概率问题.

3．了解随机变量的概念，了解 0-1 分布、均匀分布，掌握二项分布和正态分布.

4．理解随机变量的期望和方差的概念，会用随机变量的期望和方差解决经济管理及生活中的相关问题.

5．了解数理统计基本概念（总体、样本、统计量、样本均值和样本方差），会计算样本均值和样本方差，掌握三个常用统计量（U、T 和 χ^2 统计量）的分布，会查表计算.

6．了解参数点估计、区间估计的概念，掌握简单的点估计，掌握求单个正态总体的均值（方差已知或未知）、方差的区间估计.

7．了解假设检验的概念，理解假设检验的基本思想，了解两类错误，掌握假设检验的基本步骤，掌握一个正态总体均值与方差的假设检验方法.

8．了解散点图，会求一元线性回归方程，会进行相关性检验和预测.

9．会用 Mathematica 软件计算均值、方差，进行回归分析.

三、重点

1．随机事件、事件的关系及运算、古典概型、概率的基本性质、事件的独立性.

2．二项分布、贝努利定理、正态分布.

3．期望、方差及其计算.

4．样本均值、样本方差的计算，三个常用统计量（U、T 和 χ^2 统计量）的分布及其结论，查表计算.

5．单个正态总体的均值（方差已知或未知）、方差的区间估计.

6．假设检验的基本步骤，一个正态总体均值与方差的假设检验.

7．求一元线性回归方程、相关性检验.

四、难点

1．古典概型的计算，事件的独立性及计算.

2．二项分布的应用.

3．期望、方差的应用.

4．三个常用统计量（U、T 和 χ^2 统计量）的分布及查表计算.

5．用软件进行统计计算.

五、案例选讲

例 1 一家计算机软件开发公司的人事部门最近做了一项调查，发现在最近两年内离职的公司员工中有 40%是因为对工资不满意，有 35%是因为工作不满意，有 15%是因为对工资和工作都不满意，求两年内离职的员工中，离职原因是因为对工资不满意，或者对工作不满意，或对两者皆有意见的概率.

解：设事件 A={员工离职原因是对工资不满意}，B = {员工离职原因是对工作不满意}，则 $P(A)=0.4$,$P(B)=0.3$, $P(AB)=0.15$，从而所求概率为

$$P(A+B)=P(A)+P(B)-P(AB)=0.4+0.35-0.15=0.6$$

例 2 一条自动生产线上产品的一级率是 0.6，现检查了 10 件，求至少有两件一级品的概率.

解：设所求事件的概率为 $P(A)$，因为各个产品是否为一级品是相互独立的，所以

$$\begin{aligned}P(A)&=\sum_{k=2}^{10}P_{10}(k)=1-P_{10}(0)-P_{10}(1)\\&=\mathrm{C}_{10}^{0}\times 0.4^{0}\times 0.6^{10}-\mathrm{C}_{10}^{1}\times 0.4^{1}\times 0.6^{9}\approx 0.998.\end{aligned}$$

例 3 保险公司售出某种寿险保单 2500 份．已知此项寿险每单需交保贯 120 元，当被保人一年内死亡时，某家属可以从保险公司获得 2 万元的赔偿（即保额为 2 万元）．若此类被保人一年内死亡的概率为 0.002，试求：

（1）保险公司的此项寿险亏损的概率；

（2）保险公司从此寿险获利不少于 10 万元的概率；

（3）保险公司从此寿险获利不少于 20 万元的概率.

解：保险公司售出某种寿险盈利或亏损取决于其保费收入与支出的保额的差是正还是负．由题设，保费收入为 30 万元（2500×120=30 万元），而实际支付的保额则是每份保单的保额与一年内被保人的死亡人数的乘积：$2X$．显然，$X\sim B(2500, 0.002)$，则有

（1）保险公司亏本的概率

$$\begin{aligned}P(30-2X<0)&=1-P(X\leqslant 14)=1-\sum_{k=0}^{14}\mathrm{C}_{2500}^{k}\times 0.002^{k}\times 0.998^{2500-k}\\&=1-\sum_{k=0}^{14}\frac{2500!}{k!\times(2500-k)!}\times 0.002^{k}\times 0.998^{2500-k}\approx 0.0002.\end{aligned}$$

（2）获利不少于 10 万元的概率

$$P(30-2X \geqslant 10)=P(X \leqslant 10)=\sum_{k=0}^{10} \mathrm{C}_{2500}^{k} \times 0.002^{k} \times 0.998^{2500-k}$$

$$=\sum_{k=0}^{10} \frac{2500!}{k! \times (2500-k)!} \times 0.002^{k} \times 0.998^{2500-k} \approx 0.9864.$$

（3）获利不少于 20 万元的概率

$$P(30-2X \geqslant 20)=P(X \leqslant 5)=\sum_{k=0}^{5} \mathrm{C}_{2500}^{k} \times 0.002^{k} \times 0.998^{2500-k}$$

$$=\sum_{k=0}^{5} \frac{2500!}{k! \times (2500-k)!} \times 0.002^{k} \times 0.998^{2500-k} \approx 0.6160.$$

注：组合数 $\sum_{k=0}^{10} \mathrm{C}_{2500}^{k} \times 0.002^{k} \times 0.998^{2500-k}$ 的计算可以直接用 Mathematica 软件进行，如图 5-2 所示.

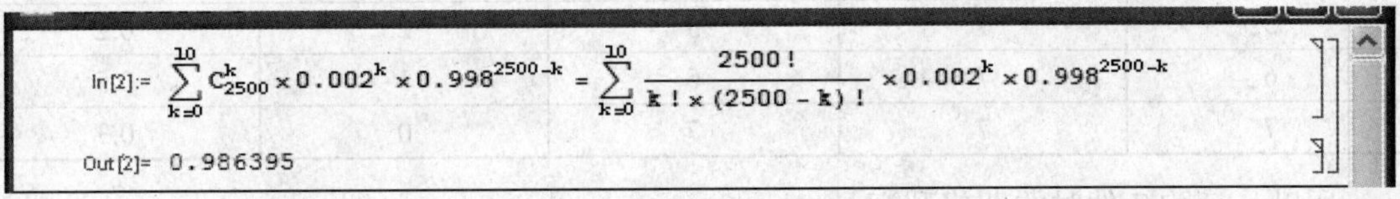

In[2]:= $\sum_{k=0}^{10} \mathrm{C}_{2500}^{k} \times 0.002^{k} \times 0.998^{2500-k}=\sum_{k=0}^{10} \frac{2500!}{k! \times (2500-k)!} \times 0.002^{k} \times 0.998^{2500-k}$

Out[2]= 0.986395

图 5-2

例 4　已知一大米加工厂生产的某批袋装大米重量 X kg 是一个连续型随机变量，它服从参数为 μ=10kg，σ=0.1kg 的正态分布，任选一袋大米，求这袋大米重量在 9.9～10.2kg 之间的概率.

解：已知 $X \sim N(10,0.1^2)$，所以要求的概率为：

$$P(9.9 \leqslant X \leqslant 10.2)=P\left(\frac{9.9-10}{0.1} \leqslant \frac{X-10}{0.1} \leqslant \frac{10.2-10}{0.1}\right)$$

$$=P\left(-1 \leqslant \frac{X-10}{0.1} \leqslant 2\right)=\Phi(2)-\Phi(-1)=\Phi(2)-[1-\Phi(1)]$$

$$=0.9772-(1-0.8413)=0.8185.$$

例 5　某高级毛皮大衣每售出一件可赚 6 千元，积压一件要亏 4 千元，某时装店根据历史资料知市场需求的概率分布如表 5-4 所示.

表 5-4

需求量（件）	5	6	7
概率	0.2	0.5	0.3

试问：该店应订多少件大衣，利润才最大?

解：该店订购量应为 5～7 件.

由于市场需求量大于或等于 5 件，订购 5 件大衣时将全部售出，共获利：

$$6 \times 5=30\text{（千元）}.$$

订购6件大衣时的销售、积压情况和对应的概率如表5-5所示.

表5-5

需求量	订购量	销售量	积压量	概率
5	6	5	1	0.2
6	6	6	0	0.5
7	6	6	0	0.3

所以，订购6件时的期望利润是：

$$(5\times6-1\times4)\times0.2+6\times6\times0.5+6\times6\times0.3=34 \text{（千元）}.$$

订购7件大衣时的销售、积压情况和对应的概率如表5-6所示.

表5-6

需求量	订购量	销售量	积压量	概率
5	7	5	2	0.2
6	7	6	1	0.5
7	7	7	0	0.3

所以，订购7件时的期望利润是：

$$(5\times6-2\times4)\times0.2+(6\times6-1\times4)\times0.5+7\times6\times0.3=33 \text{（千元）}.$$

综上所述，该店订购6件大衣时期望利润最大，最大利润为3.4万元.

例6 从某商店一年来的发票存根中随机抽取26张，算得平均金额为78.5元，样本标准差为20元，假定发票金额为正态分布，试求出该商店一年来发票平均金额的置信水平为90%的置信区间.

解；总体服从正态分布，因为方差未知，使用置信区间公式

$$\left(\bar{x}-t_{\frac{\alpha}{2}}(n-1)\times\frac{s}{\sqrt{n}},\bar{x}+t_{\frac{\alpha}{2}}(n-1)\times\frac{s}{\sqrt{n}}\right)$$

由题意知 $\alpha=0.1,n=26,\bar{x}=78.5,s=20$，查表得 $t_{\frac{\alpha}{2}}(n-1)=t_{0.05}(25)=1.7801$，代入公式得置信区间 $\left(78.5-1.7801\times\frac{20}{\sqrt{26}},78.5+1.7801\times\frac{20}{\sqrt{26}}\right)$，即（71.5,85.5）.

例7 在一项对学生助学贷款的研究中，随机抽取480名学生作为样本，得到毕业前的平均欠款余额为12 168元，标准差为2200元，求贷款学生总体中平均欠款余额的95%的置信区间.

解：总体服从的分布未知，且样本容量 n=480 比较大，所以，可用置信区间公式

$$\left(\bar{x}-U_{\frac{\alpha}{2}}\times\frac{s}{\sqrt{n}},\bar{x}+U_{\frac{\alpha}{2}}\times\frac{s}{\sqrt{n}}\right)$$（如方差已知，则取 $s=\sigma$）

由题意知 $\alpha=0.05, n=480, \bar{x}=12\,168, s=2200$，查表得 $U_{\frac{\alpha}{2}}=U_{0.025}=1.96$，代入公式得置信区间 $\left(12\,168-1.96\times\frac{2200}{\sqrt{480}},12\,168+1.96\times\frac{2200}{\sqrt{480}}\right)$，即（11 971,12 365）.

例 8 某工厂生产某种产品，该产品的重量服从正态分布，其标准重为 μ=100kg，某日开工后从这批产品中随机测得 9 件产品的重量如下：（单位：kg）

99.3，98.7，100.5，101.2，98.3，99.7，99.5，102.1，100.5

试问：该天的生产是否正常？（$\alpha=0.05$）

解：（1）写出原假设 H_0: μ=100.

（2）根据样本值计算得 $\bar{x}=\frac{1}{n}\sum_{i=1}^{n}x_i$ =99.978， $s=\sqrt{\frac{1}{n-1}\sum_{i=1}^{n}(x_i-\bar{x})^2}$ =1.212，又 n =9，于是

$$T=\frac{\bar{x}-\mu_0}{s/\sqrt{n}}=\frac{99.978-100}{1.212/\sqrt{9}}=0.054 .$$

（3）根据给定的 α =0.05 和自由度 $n-1$=8 查 t 分布表得临界值 $t_{\frac{\alpha}{2}}(n-1)=t_{0.025}(8)=2.306$.

（4）判断：因为 T 统计量的 $|T|=0.054<t_{0.025}(8)=2.306$，所以接受 H_0，即认为该天工厂生产正常.

例 9 某厂生产一种罐头食品，在某天的批量成品中随机抽取其中的 5 个，测得防腐剂含量（单位 mg）为 1.98, 2.02, 2.03, 2.02, 2.04.已知这类罐头中的腐剂含量服从正态分布.防腐剂含量不超过 2mg 才算合格，试判断这天生产的罐头中防腐剂含量是否合格.（$\alpha=0.05$）

解：（1）写出原假设 H_0: $\mu\leqslant 2$.

（2）根据样本值计算得 $\bar{x}=2.018$，s =0.023，又 n =5，于是

$$T=\frac{\bar{x}-\mu_0}{s/\sqrt{n}}=\frac{2.018-2}{0.023/\sqrt{5}}=1.8049 .$$

（3）根据 α =0.05 和自由度 $n-1$= 4，查 t 分布表得临界值 $t_{\alpha}(n-1)=t_{0.05}(4)=2.1318$.

（4）判断：因为 T 统计量的 T=1.8049 < 2.1318，所以接受 H_0，即认为该天工厂生产的罐头中防腐剂含量合格.

例 10 一项调查表明，2005 年每个家庭每天看电视的平均时间为 6.7 小时．而 2011 年对 200 个家庭的调查结果是：每个家庭每天看电视的平均时间为 7.0 小时，标准差为 2.5 小时．问 2011 年每个家庭每天看电视的平均时间是否比 2005 年显著增加？（取检验水平 α=0.01）.

解：这是大样本检验问题.

（1）写出原假设 H_0: $\mu\leqslant 6.7$.

（2）根据已知得 $\overline{x}=7.0$ ，s =2.5，于是

$$u=\frac{\overline{x}-\mu_0}{s/\sqrt{n}}=\frac{7.0-6.7}{2.5/\sqrt{200}}=1.70.$$

（3）根据 α =0.01，由 $P(U>u_\alpha)=0.01$，即 $P(U\leqslant u_\alpha)=0.99$，查正态分布表得临界值 $u_{0.01}=2.33$.

（4）判断：因为 u 统计量的值 u =1.70 < 2.33，所以接受 H_0，即认为 2011 年每个家庭每天看电视的平均时间与 2005 年相比没有显著增加.

例 11 某企业生产某种产品的产量与生产费用的相关情况如表 5-7 所示.

表 5-7

年份	2003	2004	2005	2006	2007	2008	2009	2010
产量 x（千吨）	1.2	2.0	3.1	3.8	5.0	6.1	7.2	8.0
费用 y（万元）	62	86	80	110	115	132	135	160

要求：（1）判断产品的产量与生产费用是否具有显著的相关关系(α=0.05)？

（2）若有显著的相关关系，建立一元线性回归模型；

（3）若 2011 年的产量是 10 吨，试预测 2011 年的生产费用；

（4）用软件作出散点图、相关系数和线性回归方程.

解：由已知可算得 $n=8$，　$\overline{x}=4.55$，　$\overline{y}=110$，

$$\sum_{i=1}^{8}x_i^2=207.54,\qquad \sum_{i=1}^{8}y_i^2=104\,214,\qquad \sum_{i=1}^{8}x_iy_i=4544.6,$$

从而，$L_{xx}=\sum_{i=1}^{n}x_i^2-n(\overline{x})^2=41.92$，　　$L_{yy}=\sum_{i=1}^{n}y_i^2-n(\overline{y})^2=7414$，

$L_{xy}=\sum_{i=1}^{n}x_iy_i-n\overline{x}\,\overline{y}=540.6$.

（1）因为相关系数 $r=\dfrac{L_{xy}}{\sqrt{L_{xx}}\sqrt{L_{yy}}}=\dfrac{540.6}{\sqrt{41.92}\times\sqrt{7414}}\approx 0.9697$,

$r_\alpha(n-2)=r_{0.05}(6)=0.7067$.　　从而，$|r|=0.9697>r_{0.05}(6)=0.7067$.

所以产品的产量与生产费用具有显著的相关关系.

（2）因为 $\hat{b}=\dfrac{L_{xy}}{L_{yy}}=\dfrac{540.6}{7414}=12.896$，$\hat{a}=\overline{y}-\hat{b}\overline{x}=110-12.896\times4.55=51.323$，

所以一元线性回归模型为 $\hat{y}=51.323+12.896x$.

（3）产量为 10（千吨）时的生产费用为 $\hat{y}=51.323+12.896\times10=180.283$（万元）.

（4）用软件作出的散点图如图 5-3 所示.

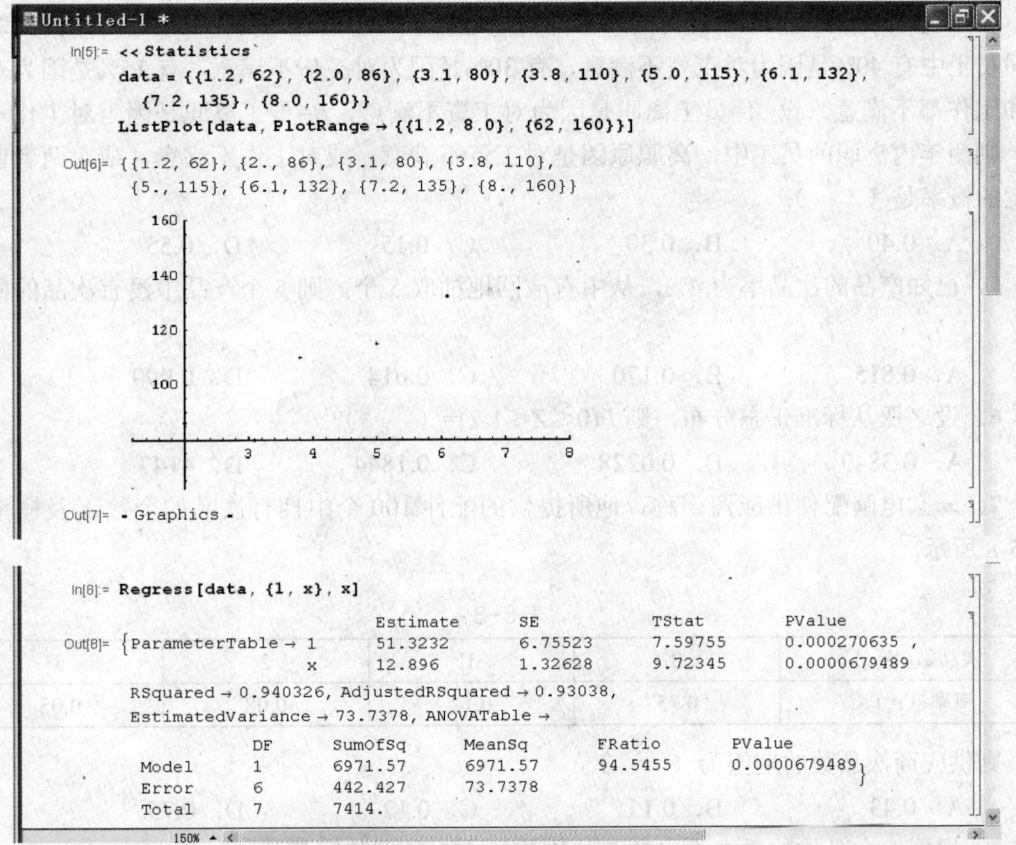

图 5-3

图中的 ParameterTable（参数置信区间表）中 Estimate 这一列表示回归函数的参数 a，b 的点估计 $\hat{a}=51.3232$（第一行），$\hat{b}=12.896$（第二行），从可得回归方程为

$$\hat{y}=51.3232+12.896x\ .$$

RSquared→0.940326 表示相关系数的平方 $r^2=0.940326$，即相关系数 $r\approx 0.9697$.

六、检测题

（一）单项选择题

1．每次试验可能出现也可能不出现的事件称为（　　）.

A．必然事件　　B．不可能事件　　C．随机事件　　D．样本空间

2．若一事件发生的概率为 1，则这一事件被称为（　　）.

A．随机事件　　B．必然事件　　C．不可能事件　　D．基本事件

3．设袋中有两 4 只白球，2 只红球，从袋中任取 2 只球（不放回），则取得 2 只白球的概率为（　　）.

A．$\frac{1}{5}$　　B．$\frac{2}{5}$　　C．$\frac{3}{5}$　　D．$\frac{4}{5}$

4．一家计算机软件开发公司的人事部门最近做了一项调查，发现在最近两年内离职的公司员工中有40%是因为对工资不满意，有30%是因为对工作不满意，有15%是因为对工资和工作都不满意．设 A=员工离职是因为对工资不满意，B=员工离职是因为对工作不满意．则两年内离职的员工中，离职原因是对工资不满意，或对工作不满意，或对两者皆不满意的概率是（　　）．

A．0.40　　B．0.30　　C．0.15　　D．0.55

5．已知产品的次品率为4%，从中有放回地抽取5个，则5个产品中没有次品的概率为（　　）．

A．0.815　　B．0.170　　C．0.014　　D．0.999

6．设 Z 服从标准正态分布，则 $P(0\leqslant Z\leqslant 1.2)$=（　　）．

A．0.3849　　B．0.0228　　C．0.1844　　D．4147.

7．一家电脑配件供应商声称，他所提供的配件100个中拥有次品的个数 X 及概率如表5-8所示．

表5-8

次品数($X=x_i$)	0	1	2	3
概率（p_i）	0.75	0.12	0.08	0.05

则供应商次品数的期望为（　　）．

A．0.43　　B．0.15　　C．0.12　　D．0.75

8．根据一个具体的样本求出的总体均值的95%的置信区间（　　）．

A．以95%的概率包含总体均值

B．有5%的可能性包含总体均值

C．一定包含总体均值

D．要么包含总体均值，要么不包含总体均值

9．一个95%的置信区间是指（　　）．

A．总体参数有95%的概率落在这一区间

B．总体参数有95%的概率不落在这一区间

C．在用同样方法构造的总体参数的多个区间中，有95%的区间包含该总体参数

D．在用同样方法构造的总体参数的多个区间中，有95%的区间不包含该总体参数

10．置信系数（即置信水平）$(1-\alpha)$ 表达了置信区间的（　　）．

A．准确性　　B．精确性　　C．显著性能　　D．可靠性

11．在其他条件不变的条件下，95%的置信区间比90%的置信区间（　　）．

A．要宽　　B．要窄　　C．相同　　D．可能宽也可能窄

12．在假设检验中，不拒绝原假设（即接受原假设）意味着（　　）．

A．原假设肯定是正确的　　B．原假设肯定是错误的

C．没有证据证明原假设是正确的　　D．没有证据证明原假设是错误的

13．一项新的减肥计划声称：在计划实施的第一周内，参加者的体重平均至少可以减

轻 8 磅．随机抽取 40 位参加该项计划的样本，结果显示：样本的体重平均减少 7 磅，标准差为 3.2 磅，则其待检假设是（ ）．

A．$H_0:\mu\leqslant 8$ B．$H_0:\mu\geqslant 8$ C．$H_0:\mu\leqslant 7$ D．$H_0:\mu\geqslant 7$

14．在小样本情况下，当总体方差未知时，检验均值所使用的统计量（或必须计算的统计量）是（ ）．

A．$U=\dfrac{x_0-\mu_0}{\sigma/n}$ B．$U=\dfrac{x_0-\mu_0}{\sigma/\sqrt{n}}$ C．$T=\dfrac{x_0-\mu_0}{s/\sqrt{n}}$ D．$T=\dfrac{x_0-\mu_0}{s/n}$

15．具有相关关系的两个变量的特点是（ ）．

A．一个变量的取值不能由另一个变量唯一确定

B．一个变量的取值由另一个变量唯一确定

C．一个变量增大时，另一个变量的取值也一定增大

D．一个变量增大时，另一个变量的取值肯定变小

16．下面的陈述错误的是（ ）．

A．相关系数是度量两个变量之间线性关系强度的统计量

B．相关系数是一项随机变量

C．相关系数的绝对值不会大于 1

D．相关系数不会取负值

（二）填空题

1．设事件 A,B 互不相容，且 $P(A)=p$，$P(B)=q$，则 $P(\overline{AB})=$______，$P(AB)=$____．

2．设 Z 服从标准正态分布，则 $P(Z>1.33)=$________．

3．正态总体方差未知时，总体期望 μ 的置信度为 $1-\alpha$ 的置信区间为________．

4．设样本来自正态总体 $N(\mu,\sigma^2)$，其中方差 $\sigma^2=\sigma_0^2$ 已知，那么检验假设 H_0: $\mu=\mu_0$ 时，所使用的统计量是________．

5．相关系数 r 的取值范围是________．

（三）分析解答题

1．设推销员向客户推销某种产品成功的概率为 0.3，他在一天中共向 5 名客户进行推销，求推销员成功谈成客户数不超过 2 人的概率．

2．某厂计划实行计件超产奖，已知每人的月产品数服从 $X\sim N(4000,3600)$，如果厂方要控制计件超产奖率为 10%．试确定超产定额 x_0．

3．某时令商品售出一件可赚取 80 元，积压一件亏损 100 元，某商店根据历史资料知市场需求该商品的概率分布如表 5-9 所示．

表 5-9

需求数($X=x_i$)	0	1	2	3
概率（p_i）	0.35	0.40	0.15	0.10

问该商店应组织该商品多少件才能期望获利最大？

4．在对一种新的生产进行检验时，随机选取 18 名雇员让他们试用该新方式，18 名雇员生产率的样本均值为每小时 80 件，样本标准差为 $6\sqrt{2}$．假定总体服从正态分布，求该新方法的生产率总体均值的 95%的置信区间．

5．为了了解某居民区居民的用电情况，随机抽样调查了 100 户，结果测得每户月平均用电量为 100 度，标准差为 24 度．试求居民区各居民户平均用电量的置信度为 0.95 的置信区间．

6．乳制品加工厂采用一种设备包装奶粉，根据客户（市场）的要求设定设备的包装重量．近来，由于客户提出将包装的标准重量由过去的 250 克改为 500 克，而要对设备进行包装调试，调试完毕后，厂部的检测部门在其包装的奶粉中抽取了 25 包，测得样本平均重量为 502 克，样本方差为 16．假设设备包装重量服从正态分布，试问设备调整后是否达到规定的 500 克要求？（检验水平取 α=0.05）．

7．一项调查表明，5 年前每个家庭每天看电视的平均时间为 6.7 小时．而 2011 年对 250个家庭的调查结果是:每个家庭每天看电视的平均时间为7.0小时,标准差为2.5小时.问现在每个家庭每天看电视的平均时间是否比 5 年前显著增加？（取检验水平 $\alpha=0.05$）．

8．为研究汽车配件销售额 y（万元）与汽车拥有量 x（万辆）之间的关系，经过调查得 10 个地区汽车拥有量与汽车配件的销售额及有关数据如表 5-10 所示．

表 5-10

序号	1	2	3	4	5	6	7	8	9	10
x	10.5	12.1	13.4	15	15.4	16.4	17.7	17.9	18.8	20.1
y	1016	1247	1353	1697	1508	1754	1842	1984	2146	2203

且已算得: $\bar{x}=15.73, \bar{y}=1675, \sum_{i=1}^{10} x_i^2=2558.49$，$\sum_{i=1}^{10} y_i^2=29\,436\,008$，$\sum_{i=1}^{10} x_i y_i=274\,072.8$. 求 y 对 x 的线性回归方程及相关系数.

七、检测题参考答案

（一）单项选择题

1．C　2．B　3．B　4．D　5．A　6．A　7．A　8．D　9．C　10．D　11．A　12．D　13．B　14．C　15．A　16．D

（二）填空题

1．0（因为 AB=ϕ），$1-p-q$（因为 $\overline{AB}=\Omega-A-B$）

2．0.0918（因为 $P(Z>1.33)=1-P(Z\leqslant 1.33)=1-\Phi(1.33)=0.0918$）

3．$\left(\bar{x}-t_{\frac{\alpha}{2}}(n-1)\times\frac{s}{\sqrt{n}}, \bar{x}+t_{\frac{\alpha}{2}}(n-1)\times\frac{s}{\sqrt{n}}\right)$

4．$U=\dfrac{\overline{x}-\mu_0}{\sigma_0/\sqrt{n}}$

5．$-1\leqslant r\leqslant 1$

（三）分析解答题

1．解：设推销员成功谈成客户数为 X，则 X 服从二项分布，即 $X\sim B(5,0.3)$，则

$$P(X=k)=\mathrm{C}_5^k\times 0.3^k\times 0.7^{5-k}\,(k=0,1,2,3,4,5)$$

所以，推销员成功谈成客户数不超过 2 人的概率为

$$P(X\leqslant 2)=\sum_{k=1}^{2}P(X=k)=\sum_{k=1}^{2}\mathrm{C}_5^k\times 0.3^k\times 0.7^{5-k}=0.9369\,.$$

2．解：按题意要确定 x_0 满足

$$P(X\geqslant x_0)=0.1\ \text{即}\ P(X<x_0)=0.9\,,$$

根据 $P(X<x_0)=P\left(\dfrac{X-4000}{60}<\dfrac{x_0-4000}{60}\right)=\Phi\left(\dfrac{x_0-4000}{60}\right)=0.9$，

经查表得 $\dfrac{x_0-4000}{60}\approx 1.29$，所以，求得 x_0=4000+1.29×60=4077.

3．解：该商品组织的货源应为 0～3 件.

显然，组织该商品 0 件时所得的利润为 0 元.

组织 1 件时，该商品的销售、积压情况和对应的概率如表 5-11 所示.

表 5-11

需求量	订购量	销售量	积压量	概率
0	1	0	1	0.35
1	1	1	0	0.40
2	1	1	0	0.15
3	1	1	0	0.10

所以，组织 1 件时的期望利润为

$$-100\times 0.35+1\times 80\times 0.40+1\times 80\times 0.15+1\times 80\times 0.10=17\ \text{元}.$$

组织 2 件时，该商品的销售、积压情况和对应的概率如表 5-12 所示.

表 5-12

需求量	订购量	销售量	积压量	概率
0	2	0	2	0.35
1	2	1	1	0.40
2	2	2	0	0.15
3	2	2	0	0.10

所以，组织 2 件时的期望利润为

$$-2\times100\times0.35+(-100\times1+80\times1)\times0.40+2\times80\times0.15+2\times80\times0.10=-38\text{ 元}.$$

同理可算得，组织 3 件时的期望利润为：

$$-3\times100\times0.35+(-100\times2+80\times1)\times0.40+(-100\times1+80\times2)\times0.15+3\times80\times0.10=-20\text{ 元}.$$

综上所述，该组织 1 件时期望利润最大，最大利润为 17 元.

4．解：这是未知方差，求正态总体均值的置信区间问题.

已知 $n=18,\bar{x}=80,s=6\sqrt{2},\alpha=0.05$，查 t 分布表得 $t_{\frac{\alpha}{2}}(n-1)=t_{0.025}(17)=2.1098$，

所以置信区间为：

$$\left(80-2.1098\times\frac{6\sqrt{2}}{\sqrt{18}},80+2.1098\times2.1098\times\frac{6\sqrt{2}}{\sqrt{18}}\right)$$

即（75.84,84.22）.

5．解：这是大样本情况下，均值的置信区间问题．所以，可用置信区间公式

$$\left(\bar{x}-U_{\frac{\alpha}{2}}\times\frac{s}{\sqrt{n}},\bar{x}+U_{\frac{\alpha}{2}}\times\frac{s}{\sqrt{n}}\right).$$

由题意知 $\alpha=0.05,n=100,\bar{x}=100,s=24$，查正态分布表得 $U_{\frac{\alpha}{2}}=U_{0.025}=1.96$，代入公式得，置信区间 $\left(100-1.96\times\frac{24}{\sqrt{100}},100+1.96\times\frac{24}{\sqrt{100}}\right)$，即（95.3,104.7）.

6．解：这是总体服从正态分布，总体方差未知，要求检验均值的问题.

（1）原假设 H_0: $\mu=500$.

（2）根据已知得 $\bar{x}=502,s=16,n=25$，于是统计量的值

$$t=\frac{\bar{x}-\mu_0}{s/\sqrt{n}}=\frac{502-500}{16/\sqrt{25}}=0.625.$$

（3）根据 α=0.05，由查 t 分布表得临界值 $t_{\frac{\alpha}{2}}(n-1)=t_{0.025}(24)=2.0639$.

（4）判断：因为 t 统计量的值 $|t|$=0.625 <2.0639，所以接受 H_0，即认为设备调整后达到规定要求.

7．解：这是大样本检验问题.

（1）写出原假设 H_0：$\mu\leqslant6.7$.

（2）根据已知得 $\bar{x}=7.0$, s =2.5, $n=250$，于是

$$u=\frac{\bar{x}-\mu_0}{s/\sqrt{n}}=\frac{7.0-6.7}{2.5/\sqrt{250}}=1.90.$$

（3）根据 α =0.05，由 $P(U>u_\alpha)=0.05$, 即 $P(U\leqslant u_\alpha)=0.95$，查正态分布表得临界值

$u_{0.05}$=1.64.

（4）判断：因为 u 统计量的值 u =1.900 > 1.64，所以拒绝 H_0，即认为现在每个家庭每天看电视的平均时间与 5 年前相比有显著增加.

8．解：由已知得

$$n=10, \overline{x}=15.73, \overline{y}=1675，\sum_{i=1}^{10} x_i^2 = 2558.49，\sum_{i=1}^{10} y_i^2 = 29\,436\,008，\sum_{i=1}^{10} x_i y_i = 274\,072.8，$$

从而 $L_{xx} = \sum_{i=1}^{n} x_i^2 - n(\overline{x})^2 = 84.16$，$L_{yy} = \sum_{i=1}^{n} y_i^2 - n(\overline{y})^2 = 1\,379\,758$，

$$L_{xy} = \sum_{i=1}^{n} x_i y_i - n\overline{x}\overline{y} = 10\,595.3，$$

于是，$\hat{b} = \dfrac{L_{xy}}{L_{yy}} = \dfrac{10\,595.3}{1\,379\,758} = 0.0077$，$\hat{a} = \overline{y} - \hat{b}\overline{x} = 1675 - 0.0077 \times 15.73 = 1674.88$，

所以 y 对 x 的线性回归方程为：$\hat{y} = 1674.88 + 0.0077x$.

相关系数　$r = \dfrac{L_{xy}}{\sqrt{L_{xx}}\sqrt{L_{yy}}} = \dfrac{10\,595.3}{\sqrt{84.16} \times \sqrt{1\,379\,758}} \approx 0.98$.

附录

综合测试题及参考答案

综合测试题（一）

一、单项选择题（每小题 4 分，共 10 题 40 分.）

1．某单位男职工人数 2003 年为 100 人，到 2008 年发展到 500 人，则男职工人数年平均发展速度是（　　）.

A．$\sqrt[5]{\dfrac{500}{100}}\times 100\% = 138\%$　　B．$\sqrt[5]{\dfrac{500}{100}}\times 100\% - 1 = 38\%$

C．$\dfrac{\dfrac{500-100}{100}}{5}\times 100\% = 80\%$　　D．$\dfrac{\dfrac{500}{100}}{5}\times 100\% = 100\%$

2．某公司职员有 8 位职员，工资情况为：2000 元有 1 人，1800 元有 1 人，1700 元有 2 人，1300 元有 2 人，1000 元有 2 人，则 8 位职员工资的中位数是（　　）.

A．1500 元　　B．1350 元　　C．1450 元　　D．无中位数

3．用 Mathematica 软件解线性规划：

$$\max S = 2x_1 + 2x_2;$$

$$\text{s.t.}\begin{cases} x_1 - x_2 \geqslant 1, \\ -x_1 + 2x_2 \leqslant 0, \\ x_1 \geqslant 0\ ,\ x_2 \geqslant 0. \end{cases}$$

下面在 Mathematica 窗口中输入的内容正确的是（　　）.

A．Minimize$[2x_1 + 2x_2, \{x_1 - x_2 \geqslant 1, -x_1 + 2x_2 \leqslant 0, x_1 \geqslant 0\ , x_2 \geqslant 0\}, \{x_1\ ,\ x_2\}]$

B．Minimize$[2x_1 + 2x_2, \{x_1 - x_2 \geqslant 1, -x_1 + 2x_2 \leqslant 0, x_1 \geqslant 0\ , x_2 \geqslant 0\}, \{x_1\ ,\ x_2\}]$

C．Minimize$[2x_1 + 2x_2; \{x_1 - x_2 \geqslant 1; -x_1 + 2x_2 \leqslant 0; x_1 \geqslant 0\ , x_2 \geqslant 0\}; \{x_1\ ,\ x_2\}]$

D．Minimize$[2x_1 + 2x_2, \{x_1 - x_2 \geqslant 1, -x_1 + 2x_2 \leqslant 0, x_1 \geqslant 0\ , x_2 \geqslant 0\}, \{x_1\ ,\ x_2\}]$

4. 三因数各取三个位级、要求试验结果精度高一些、允许试验次数多一点的正交试验，选用下列正交表的（　　）比较合适.

A．$L_9(3^4)$　　B．$L_4(2^3)$　　C．$L_8(2^7)$　　D．$L_{18}(3^7)$

5．一正交试验结果如表附-1 所示.

表附−1

试验号 \ 因素	A	B	C	评　分
1	1	1	1	4
2	2	1	2	8
3	1	2	2	6
4	2	2	1	9

若得分低为试验结果好，则算一算的好条件是（　　）.

A．$A_1B_1C_1$　　B．$A_2B_2C_2$　　C．$A_1B_2C_2$　　D．$A_2B_2C_1$

6．设某工厂日收入函数为 $R=R(q)$（q 的单位为台，收入单位为万元），若已知在 q=10 处的导数为 $R'(10)=12$，则其经济意义是（　　）.

A．每日销售的前 10 台产品的平均收入是 12 万元/台

B．每日销售的第 10 台产品的收入是 12 万元

C．每日销售的前 10 台产品的总收入是 12 万元

D．在日销售为 10 台的基础上，再销售 1 台产品，收入增加 12 万元

7．用 Mathematica 软件求极限 $\lim\limits_{x\to 0}\dfrac{\sin 3x}{\sin 5x}$，下面输入的内容正确的是（　　）.

A．$\text{Limit}[\sin[3x]/\sin[5x], x\to 0]$　　B．$\text{Lim}[\sin 3x/\sin 5x, x\to 0]$

C．$\text{Limit}[\sin[3x]/\sin[5x]; x\to 0]$　　D．$\text{lim}[\sin[3x]/\sin[5x], x\to 0]$

8．在 Mathematica 窗口中输入 $\text{D}\left[(3x-5)^2, x\right]$，表示用 Mathematica（　　）.

A．求 $y=(3x-5)^2$ 的微分　　B．求 $y=(3x-5)^2$ 的导数

C．求 $y=(3x-5)^2$ 在 x=2 处的导数　　D．求 $y=(3x-5)$的二阶导数

9．市场上某商品的需求量 q 与其价格 p 有函数关系 $q=q(p)$，可计算得在 p=5 时 q 对 p 的需求弹性为 $\left.\dfrac{E_q}{E_p}\right|_{p=5}=-1$，则（　　）.

A．表明在 p=5 元价格水平下，当价格增加 1%时，该商品的需求量下降 1%

B．表明在 p=5 元价格水平下，当价格增加 1%时，该商品的需求量下降 100%

C．表明在 p=5 元价格水平下，当价格增加 1%时，该商品的需求量增加 1%

D．表明在 p=5 元价格水平下，当价格增加 1%时，该商品的需求量增加 100%

10．调查一个单位职工的身高，得到的这组数据属于（　　）.

A．数值型数据　　B．顺序数据　　C．分类数据　　D．分组数据

二、判断题（正确打“√”，错误打“×”，每小题 4 分，共 5 题 20 分.）

1．平均数不一定能代表一组数据的中等水平.　　（　　）

2．反映复杂现象在不同场合下综合变动的一种特殊的相对数，称为指数.　　（　　）

3. 用 0.618 法对炼钢中的加碳量进行优选试验，若根据经验判断加碳量在 100 克至 200 克之间，则第一次试验点 C_1 为 138.2 克，第二次试验点 C_2 为 120 克. （ ）

4. $\int_{-3}^{3}\frac{x^2}{x^2+1}dx=0$ （ ）

5. 居民消费价格指数（CPI）是一个国家制定和调整政策、工资福利与社会保障政策的重要依据. （ ）

三、简单分析题（每小题 10 分，共 2 题 20 分.）

1. 某市某年中考统一试题，甲学校政治的平均分为 75 分，标准差为 9，该校学生 A 得了 78 分；乙学校政治的平均分为 60 分，标准差为 5，该校学生 B 得了 65 分；问 A、B 两位学生哪位学生在学校的排名好？

2. 一物流公司要从粮库 A、B 运粮食到城市甲、乙、丙，已知粮库 A、B 分别存有粮食 23 万吨、27 万吨，城市甲、乙、丙分别需要粮食 17 万吨、18 万吨、15 万吨，粮库 A 到城市甲、乙、丙每万吨粮食的运价分别为 50 万元、60 万元、70 万元，粮库 B 到城市甲、乙、丙每万吨粮食的运价分别为 60 万元、110 万元、160 万元，物流公司应如何组织运输，才使得总运费最省？试写出其数学模型.

四、计算题（每小题 10 分，共 2 题 20 分.）

1. 求如图附-1 所示的最小树. 要求画出所求的一颗最小树并计算其各边权之和 W.

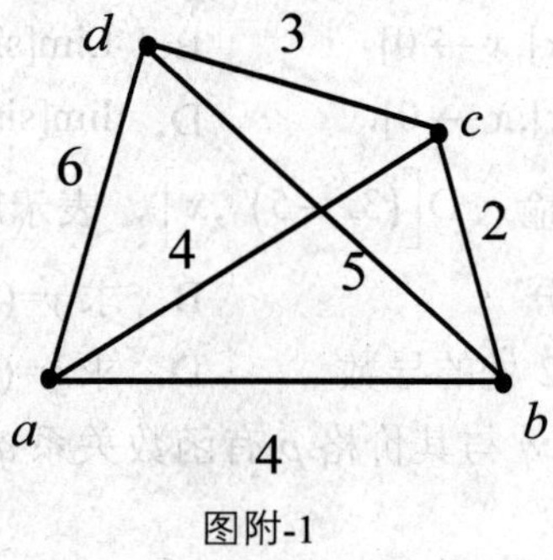

图附-1

2. 已知某产品的需求函数为 $p=20-0.25q$(p 为价格，q 为需求量)，总成本函数为 $C(q)=60+4q$.问产量 q 为多少时，总利润 L 最大？

综合测试题（二）

一、单项选择题（每小题 4 分，共 10 题 40 分.）

1. 反映数据 X_i 在一组数据中相对位置的测度值是（ ）.

A. 方差　B. 标准差　C. 离散系数　D. 标准分数

2. 下列能用来反映一组数据集中趋势的指标是（ ）.

A. 极差　B. 标准差　C. 平均差　D. 均值

3. 已知甲、乙两个同类型企业职工的平均产量的标准差分别为 6 元和 7 元，企业职工生产的稳定性是（　　）.

A．甲大于乙　　B．乙大于甲　　C．一样的　　D．无法判断

4．一位投资者购持有一种股票，在 2004 年、2005 年、2006 年和 2007 年的收益率分别为 4.5%、2.1%、25.5%和 1.9%，则该投资者在这 4 年的平均收益率为（　　）.

A．$\sqrt[4]{1.045\times1.021\times1.255\times1.019}-1$　　B．$\sqrt[4]{0.045\times0.021\times0.255\times0.019}$

C．$\dfrac{1.045+1.021+1.255+1.019}{4}$　　D．$\dfrac{0.045+0.021+0.255+0.019}{4}$

5．用 Mathematica 解线性规划：

$$\max S = 2x_1 + 2x_2;$$

$$\text{s.t.}\begin{cases} x_1 - x_2 \geqslant 1, \\ -x_1 + 2x_2 \leqslant 0, \\ x_1, x_2 \geqslant 0. \end{cases}$$

下面在 Mathematica 窗口中输入的内容正确的是（　　）.

A．Maxmize[$2x_1+2x_2$,{$x_1-x_2\geqslant1$,$-x_1+2x_2\leqslant0$,$x_1\geqslant0$, $x_2\geqslant0$},{x_1,x_2}]

B．Maximize[$2x_1+2x_2$,{$x_1-x_2\geqslant1$,$-x_1+2x_2\leqslant0$,x_1,$x_2\geqslant0$},{x_1,x_2}]

C．Maximize[$2x_1+2x_2$,{$x_1-x_2\geqslant1$,$-x_1+2x_2\leqslant0$,$x_1\geqslant0$, $x_2\geqslant0$},{x_1,x_2}]

D．Maximize[$2x_1+2x_2$,{$x_1-x_2\geqslant1$,$-x_1+2x_2\leqslant0$,$x_1\geqslant0$, $x_2\geqslant0$},{x_1,x_2}]

6．一正交试验结果如表附-2 所示.

表附–2

试验号 \ 因素	A	B	C	评　分
1	1	1	1	4
2	2	1	2	7
3	1	2	2	9
4	2	2	1	5
K_1				
K_2				

若得分高为试验结果好，则该正交试验的最优条件是（　　）.

A．$A_1B_1C_1$　　B．$A_2B_1C_2$　　C．$A_1B_2C_2$　　D．$A_2B_2C_1$

7．设某家具的总收入函数为 $R(q)=400q-\dfrac{1}{3}q^2$（$R$ 的单位为元，q 的单位为件），则 $R'(450)=100$ 的经济意义是（　　）.

A．该家具每销售 1 件，收入大约增加 100 元

B．该家具的销售量在 450 件时再销售 1 件，收入大约增加 100 元

C．该家具的销售量在 450 件时再增加 1%，收入大约增加 100 元

D．该家具的销售量每增加 1%，收入大约增加 100%

8．用 Mathematica 软件求极限 $\lim\limits_{x\to 0}\dfrac{\sin 3x}{\sin 5x}$，下面输入的内容正确的是（　　）．

A．$\text{Lim}[\sin 3x/\sin 5x, x\to 0]$　　B．$\text{Limit}[\sin 3x/\sin 5x, x\to 0]$

C．$\text{Limit}[\sin[3x]/\sin[5x], x\to 0]$　　D．$\lim\limits_{x\to 0}[\sin 3x/\sin 5x]$

9．在 Mathematica 窗口中输入 $\text{D}\left[(3x-5)^2,\{x,2\}\right]$，表示用 Mathematica（　　）．

A．求函数$(3x-5)^2$的微分　　B．求函数$(3x-5)^2$的二阶导数

C．求函数$(3x-5)^2$在 x=2 处的导数　　D．求函数$(3x-5)^2$的导数

10．设某商品的总利润函数是 $L(p)=-2p^2+100p-800\,(p>0)$，已知定义区间内仅有 $L'(25)=0$，则 25 一定是总利润函数的（　　）．

A．最大值点　　B．最小值点　　C．最大值　　D．最小值

二、判断题（正确打“√”，错误打“×”，每小题 4 分，共 5 题 20 分.）

11．平均数是不能用来测度数据离散程度的指标．（　　）

12．市场上某商品的需求量 q 在其价格 p＝5 元时的需求弹性为 $\left.\dfrac{Eq}{Ep}\right|_{p=5}=-2$，则表明在 p=5 元价格水平下，该商品需求量的变动幅度小于价格的变动幅度．（　　）

13．用 0.618 法对炼钢中加碳量进行优选试验，若根据经验判断加碳量在 1000 克至 2000 克之间，则第一次试验点 C_1 为 1382 克，第二次试验点 C_2 为 1618 克．（　　）

14．已知 $C'(q)=10$，固定成本 $C_0=12$，则 $C(q)=10q+12$．（　　）

15．已知 $y=2x^2-4x+3$, 则 $\left.\mathrm{d}y\right|_{x=2}=4$．（　　）

三、简单分析题（第 16、17 题各 5 分，第 18、19 和 20 题各 10 分，共 40 分.）

16．已知函数 $q(p)=p(8-3p)$，求 $\dfrac{Eq}{Ep}$．

17．求定积分：$\int_0^2(2x+1)\mathrm{d}x$．

18．用 Di jkstra 算法，画出图附-2 中从 A 点到 D 点的最短路线，要求给图中的每个点标号．

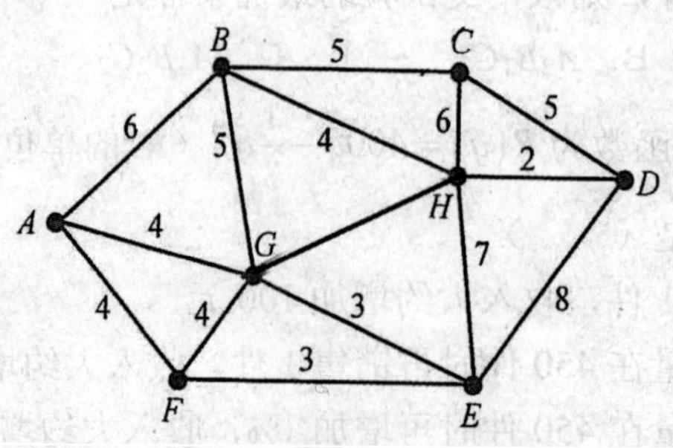

图附-2

19．假定一个成年人每天需要从食物中获得 3000KJ 的热量、55g 的蛋白质和 800mg 的钙.如果市场上只有四种食品可供选择，它们每千克所含的热量和营养成分和市场价格见表附-3.问如何选择才能在满足营养的前提下，使购买食品的费用最小？

表附-3

序号	食品名称	热量（kJ）	蛋白质（g）	钙（mg）	价格（元）
1	猪肉	1000	50	400	14
2	鸡蛋	800	60	200	6
3	大米	900	20	300	3
4	白菜	200	10	500	2

20．某工厂生产某产品，日总成本为 C 元，其中固定成本为 50 元，每生产一单位产品，成本增加 10 元，该商品的需求函数为 $Q=50-2p$，问 Q 为多少时工厂总利润最大?

综合测试题（三）

一、单项选择题（每小题 4 分，共 10 题 40 分.）

1．设某厂的利润在 2001—2005 年间各年的增长速度分别为 10.6%、12.6%、14.7%、14.5%、12.8%，则该厂的利润在 2001—2005 年 5 年间的平均增长速度是（　　）.

A. $\dfrac{10.6\%+12.6\%+14.7\%+14.5\%+12.8\%}{5}$

B. $\sqrt[5]{10.6\%\times12.6\%\times14.7\%\times14.5\%\times12.8\%}\times100\%$

C. $\dfrac{110.6\%+112.6\%+114.7\%+114.5\%+112.8\%}{5}-100\%$

D. $\sqrt[5]{110.6\%\times112.6\%\times114.7\%\times114.5\%\times112.8\%}\times100\%-100\%$

2．下列指标中，不能用来测度数据的离散程度的指标是（　　）.

A．异众比率　　B．方差　　C．四分位差　　D．平均数

3．已知试验区间为[100,200]，用 0.618 法进行优选，第一个试验点是 161.8，第二个试验点是（　　）.

A．161.8　　B．138.2　　C．150　　D．180

4．正交表 $L_n(t^q)$中的 t 代表（　　）.

A．正交表代号　　B．因数的水平数　　C．试验次数　　D．因数数目

5．一正交试验结果如表附-4 所示.

表附-4

试验号＼因素	A	B	C	评分
1	1	1	1	7
2	2	1	2	4
3	1	2	2	9
4	2	2	1	6

若得分高为试验结果好，则直接看的好条件是（ ）.

A．$A_1B_1C_1$　　B．$A_2B_1C_2$　　C．$A_1B_2C_2$　　D．$A_2B_2C_1$

6．求最短路可以使用的方法是（ ）.

A．避圈法　　B．破圈法　　C．Di jkstra 算法　D．去边法

7．用 Mathematica 软件求极限 $\lim\limits_{x\to 0}\dfrac{\mathrm{Sin}\,3x}{\ln(1+x)}$，正确的命令是（ ）.

A．$\mathrm{Limit}[\mathrm{Sin}[3x]/\ln[1+\mathrm{x}], x\to 0]$　　B．$\mathrm{Lim}[\mathrm{Sin}\,3x/\ln[1+\mathrm{x}], x\to 0]$

C．$\mathrm{Limit}[\mathrm{Sin}[3x]/\log[1+\mathrm{x}], x\to 0]$　　D．$\lim[\mathrm{Sin}[3x]/\ln[1+\mathrm{x}], x\to 0]$

8．设某工厂日成本函数为 $C=C(q)$（q 的单位为台，成本单位为万元），若已知在 $q=5$ 处的导数为 $C'(5)=3$，则其经济意义是（ ）.

A．每日生产的前 5 台产品的平均成本是 3 万元/台

B．每日生产的第 5 台产品的成本是 3 万元

C．每日生产的前 5 台产品的总成本是 3 万元

D．在日产量为 5 台的基础上，多生产 1 台产品，需增加成本 3 万元

9．市场上某商品的需求量 q 与其价格 p 有函数关系 $q=q(p)$，且在 $p=2$ 时 q 对 p 的需求弹性为 $\left.\dfrac{E_q}{E_p}\right|_{p=2}=-0.4$，则（ ）.

A．表明在 $p=2$ 元价格水平下，当价格增加 1%时，该商品的需求量下降 0.4%

B．表明在 $p=2$ 元价格水平下，当价格增加 1%时，该商品的需求量下降 40%

C．表明在 $p=2$ 元价格水平下，当价格增加 1%时，该商品的需求量增加 0.4%

D．表明在 $p=2$ 元价格水平下，当价格增加 1%时，该商品的需求量增加 40%

10．设盒中有大小质地相同的 10 个乒乓球，其中 7 个红球，3 个白球，从盒中任取 2 个球，取得 2 个球是 1 红 1 白的概率是（ ）.

A．$\dfrac{2}{15}$　　B．$\dfrac{7}{15}$　　C．$\dfrac{3}{15}$　　D．$\dfrac{3}{10}$

二、判断题（正确打“√”，错误打“×”，每小题 4 分，共 5 题 20 分.）

11．一家公司在招聘职员时，首先要通过两项能力测试，在 A 项测试中，其平均分数是 100 分，标准差是 15 分；在 B 项测度中，其平均分数是 400 分，标准差是 50 分．一位应试者在 A 项测试中得了 115 分，在 B 项测试中得了 425 分，与平均分数相比，该应试者 B 项测试更为理想.（ ）

12．$\cos x$ 是 $\sin x$ 的原函数.（ ）

13．$\int_0^2 (2x+1)\mathrm{d}x = 10$.（ ）

14．如图附-3 所示，某地区的社会收入分配人口收入曲线为 ODL．A 表示阴影面积，则该地区的基尼系数 $=2A$.（ ）

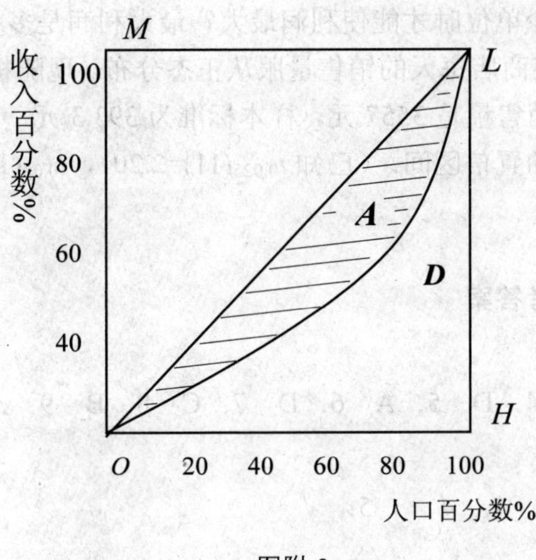

图附-3

15．设事件 A、B 相互独立，则 $P(AB)=P(A)P(B)$．（　　）

三、计算应用题（第 16、17 题各 4 分，第 18、19、20 和 21 题各 8 分，共 40 分.）

16．已知 $y=2x^2-4x+3$, 求微分 $\mathrm{d}y|_{x=2}$．

17．求函数 $y=x^2+x$ 的弹性 $\frac{Ey}{Ex}$．

18．一饮料厂生产由甲、乙两种原料混合而成的饮料.甲种原料每千克含糖 15g，含蛋白质 30g，购买价格为 5 元；乙种原料每千克含糖 25g，含蛋白质 10g，购买价格为 3 元. 现在要求这批饮料含糖、蛋白质的最低量分别为 90g、110g，食堂应如何配料，使得这批饮料的成本最低，要求写出数学模型.

19．求如图附-4 所示的最小树，要求画出所求的一颗最小树并计算其各边权之和 W.

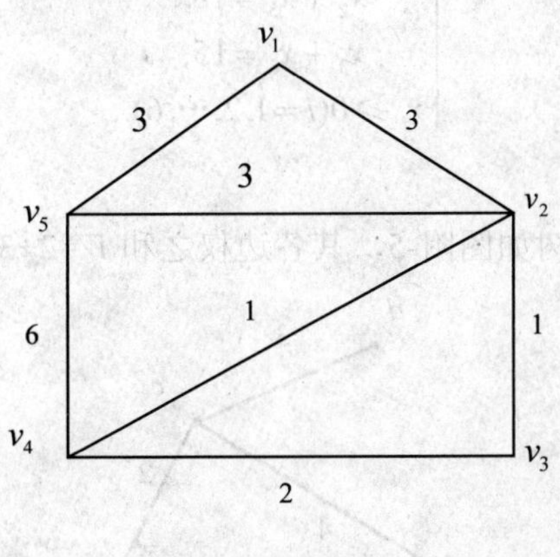

图附-4

20．某厂每批生产某种商品 x 单位的成本为 $C(x)=5x^2-66x+300$（元），每单位商品价格为 134 元，问每批生产多少单位时才能使利润最大？最大利润是多少？

21. 根据经验知道，某商店每天的销售量服从正态分布，现随机抽取了 12 天的销售量进行检查，且已算得平均销售量是 3557 元，样本标准为 393.3 元. 试以 95%的置信度估计该商店每天的平均销售量的置信区间.（已知 $t_{0.025}(11)=2.201$，$t_{0.05}(11)=1.796$，$\sqrt{12}=2.8$）.

综合测试题参考答案

综合测试题（一）参考答案

一、单项选择题

1. A 2. A 3. B 4. D 5. A 6. D 7. C 8. B 9. A 10. A

二、判断题

1. √ 2. √ 3. × 4. √ 5. √

三、简单分析题

1. 解：分别计算 A、B 两位学生考试得分的标准分数，

$$Z_A=\frac{78-75}{9}=\frac{1}{3}, Z_B=\frac{65-60}{5}=1,$$

∵ $Z_A<Z_B$，∴A 学生在学校的排名好.

2. 解：设由粮库 A 往甲、乙、丙三个城市调运的粮食分别为 x_1 万吨、x_2 万吨、x_3 万吨，由粮库 B 往甲、乙、丙三个城市调运的粮食分别为 x_4 万吨、x_5 万吨、x_6 万吨，总运费为 S 万元. 则问题的数学模型为

$$\min S=50x_1+60x_2+70x_3+60x_4+110x_5+160x_6;$$

$$st\begin{cases}x_1+x_2+x_3=23,\\ x_4+x_5+x_6=27,\\ x_1+x_4=17,\\ x_2+x_5=18,\\ x_3+x_6=15,\\ x_i\geqslant 0(i=1,2,\cdots,6).\end{cases}$$

四、计算题

1. 解：所求的一颗最小树如图附-5，其各边权之和 W=2+3+4=9.

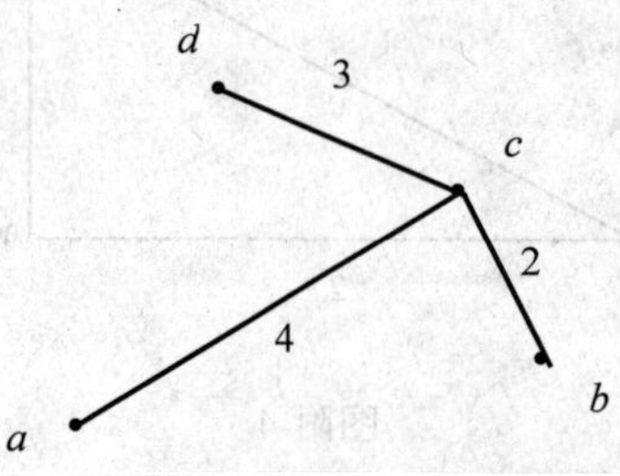

图附-5

2．解：收入 $R(q)=pq=(20-0.25q)q=20q-0.25q^2$,

利润 $L=L(q)=R(q)-C(q)=(20q-0.25q^2)-(60+4q)$

$=-0.25q^2+16q-60,$

$L'(q)=-0.5q+16,$令$L'(q)=0,$得$q=32.$

∴ 产量 q=32 单位时，利润最大.

综合测试题（二）参考答案

一、单项选择题（每小题 4 分，共 10 题 40 分.）

1. D　2. D　3. D　4. A　5. C　6. C　7. B　8. C　9. B　10. A

二、判断题（正确打“√”，错误打“×”，每小题 4 分，共 5 题 20 分.）

11. √　12. ×　13. √　14. √　15. ×

三、计算应用题（第 16、17 题各 5 分，第 18、19 和 20 题各 10 分，共 40 分.）

16．解：$\frac{E_q}{E_p}=q'\cdot\frac{p}{q}=\left[p(8-3p)\right]'\cdot\frac{p}{p(8-3p)}=\frac{8-6p}{8-3p}.$

17．解：$\int_0^2(2x+1)\mathrm{d}x=\left[x^2+x\right]_0^2=\left(2^2+2\right)-\left(0^2+0\right)=6.$

18．解：如附图-6 所示，从 A 点到 D 点的最短路线是 A——B——H——D.

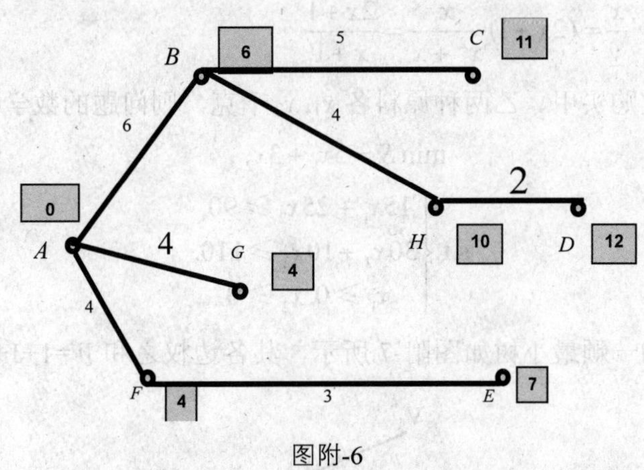

图附-6

19．解：设 xj（j=1,2,3,4）千克为第 j 种食品每天的购入量，则问题的数学模型为

$$\min S=14x_1+6x_2+3x_3+2x_4;\text{-------------2分}$$

$$\text{s.t.}\begin{cases}1000x_1+800x_2+900x_3+200x_4\geqslant 3000,\text{-----1.5分}\\50x_1+60x_2+20x_3+10x_4\geqslant 55,\text{-----------1.5分}\\400x_1+200x_2+300x_3+500x_4\geqslant 800,\text{--------1.5分}\\x_1,x_2,x_3,x_4\geqslant 0.\text{--------------------1.5分}\end{cases}$$

20．解：由题意得 $C'(Q)=10$，

$$R(Q)=pQ=\frac{50-Q}{2}Q=25Q-0.5Q^2,$$

$$R'(Q)=\left(25Q-0.5Q^2\right)'=25-Q,$$

边际利润

$$\begin{aligned}L'(Q)&=R'(Q)-C'(Q)\\&=(25-Q)-10=15-Q,\end{aligned}$$

令 $L'(Q)=0$，　　解得 $Q=15$．

因为有意义的驻点唯一，故 $Q=15$ 为最大值点，即 Q 为 15 个单位时，工厂总利润最大．

综合测试题（三）参考答案

一、单项选择题（每小题 4 分，共 10 题 40 分.）

1．D　2．D　3．B　4．B　5．C　6．C　7．C　8．D　9．A　10．B

二、判断题（正确打“√”，错误打“×”，每小题 4 分，共 5 题 20 分.）

11．×　12．×　13．×　14．√　15．√

三、计算应用题（第 16、17 题各 5 分，第 18、19 和 20 题各 10 分，共 40 分.）

16．解：$y'=4x-4,\ \mathrm{d}y\big|_{x=2}=(4x-4)\mathrm{d}x\big|_{x=2}=4\mathrm{d}x$．

17．解：$\dfrac{Ey}{Ex}=y'\dfrac{x}{y}=(2x+1)\dfrac{x}{x^2+x}=\dfrac{2x+1}{x+1}$．

18．解：设食堂购买甲、乙两种原料各 x_1, x_2 千克，则问题的数学模型为

$$\min S=5x_1+3x_2;$$

$$\text{s.t.}\begin{cases}15x_1+25x_2\geqslant 90,\\30x_2+10x_2\geqslant 110,\\x_1\geqslant 0, x_2\geqslant 0.\end{cases}$$

19．解：所求的一颗最小树如图附-7 所示，其各边权之和 $W=1+1+3+3=8$.

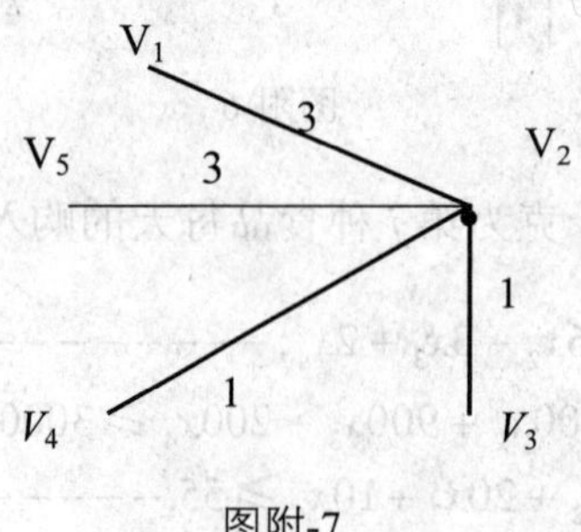

图附-7

20．解：生产 x 单位时，总收入 $R(x)=134x$．

利润为：$L(x)=R(x)-C(x)$

$$=134x-(5x^2-66x+300)$$
$$=-5x^2+200x-300(x\geqslant 0)$$

$L'(x)=-10x+200$

令$L'(x)=0$得$x=20$.

因此工厂生产 20 单位产品时，有最大利润．

21．解：在总体方差未知的情况下，总体均值的置信区间为：

$$\left(\bar{x}-t_{\frac{\alpha}{2}}(n-1)\times\frac{s}{\sqrt{n}},\bar{x}+t_{\frac{\alpha}{2}}(n-1)\times\frac{s}{\sqrt{n}}\right)$$

而由题意知 $\alpha=0.05,n=12,\bar{x}=3557,s=393.3$，

所以$t_{\frac{\alpha}{2}}(n-1)=t_{0.025}(11)=2.201$，代入公式得置信区间

$\left(3557-2.201\times\frac{393.3}{\sqrt{12}},3557+2.201\times\frac{393.3}{\sqrt{12}}\right)$，即（3307.11,3806.89）．

参 考 文 献

[1] 神龙工作室. 新手学 Excel 公式·函数与图表 [M]. 北京：人民邮电出版社，2007.
[2] 唐芳. 统计学原理[M]. 上海：上海财经大学出版社，2007.
[3] 余斌. 管理中的定理分析—中国本土案例分析[M]，北京：中国经济出版社，2008.
[4] 刘淑环等. 数学方法与应用[M]. 北京：清华大学出版社，2008.
[5] 滕达，陈岩. 统计学学习指导[M]. 北京：中国轻工出版社，2011.
[6] 贾俊平. 统计学（第四版）学习指导书[M]. 北京：中国人民大学出版社，2011.
[7] 王殿元，徐名扬. 经济数学学习指导[M]. 北京：科学出版社，2008.
[8] 何良材. 数学在经济管理中应用实例析解[M]. 重庆：重庆大学出版，2007.
[9] 广西壮族自治区统计局. 2010 广西统计年鉴[M]. 北京：中国统计出版社，2010.